城市公共交通管理概论

交通运输部道路运输司 编

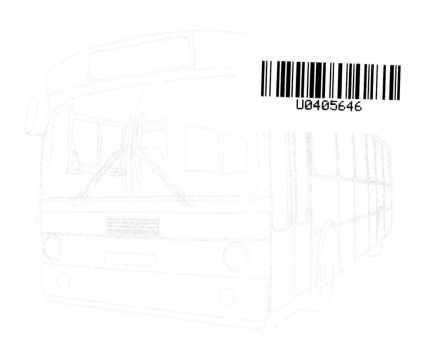

人民交通出版社
China Communications Press

内 容 提 要

本书分为综合篇、行业篇和企业篇三篇。综合篇简要介绍了城市公共交通相关的基本知识要点，总结回顾了我国城市公共交通发展历程，并对我国城市公共交通发展取得的成绩、存在的问题以及公共交通管理的主要经验进行了系统梳理和归纳分析；行业篇围绕贯彻落实公共交通优先发展战略的总体思路，重点对城市公共交通规划、基础设施建设、运营管理、服务评价、运营安全与应急、票制票价与补贴等行业管理的核心问题进行了探讨和分析；企业篇重点围绕加强城市公共交通企业战略规划管理、运营调度管理、服务质量管理、安全生产管理、车辆技术管理、财务管理、人力资源管理等核心工作，从技术、方法、制度、规范等方面进行了系统梳理和归纳，并对我国城市公共交通企业在经营管理实践中积累的典型做法、成功经验进行了总结。

本书旨在为政府部门制定城市公共交通发展政策、加强行业管理，为有关企业、科研单位参与城市公共交通发展的相关工作提供参考和帮助。

图书在版编目（CIP）数据

城市公共交通管理概论／交通运输部道路运输司编.
—北京：人民交通出版社，2011.5
ISBN 978-7-114-09030-1

Ⅰ.①城… Ⅱ.①交… Ⅲ.①市区交通-交通运输管理-概论 Ⅳ.①U491

中国版本图书馆 CIP 数据核字（2011）第 066445 号

Chengshi Gonggongjiaotong Guanli Gailun

书　　名：	城市公共交通管理概论
著 作 者：	交通运输部道路运输司
责任编辑：	顾燏鲁　黄景宇　何　亮
出版发行：	人民交通出版社
地　　址：	(100011) 北京市朝阳区安定门外外馆斜街 3 号
网　　址：	http://www.ccpress.com.cn
销售电话：	(010) 59757973
总 经 销：	人民交通出版社发行部
经　　销：	各地新华书店
印　　刷：	北京虎彩文化传播有限公司
开　　本：	787×980　1/16
印　　张：	15.25
字　　数：	216 千
版　　次：	2011 年 5 月　第 1 版
印　　次：	2024 年 1 月　第 9 次印刷
书　　号：	ISBN 978-7-114-09030-1
印　　数：	12201-12450 册
定　　价：	48.00 元

（有印刷、装订质量问题的图书由本社负责调换）

城市公共交通作为城市交通系统的重要组成部分,是满足人民群众基本出行需求的社会公益性事业,与人民群众生产生活息息相关,与基本医疗、基础教育等事业一样,是政府应当提供的基本公共服务和重大的民生工程。党中央、国务院对城市公共交通发展十分关注,胡锦涛总书记、温家宝总理多次对城市公共交通发展作出重要指示,国务院先后出台一系列政策文件,地方政府稳步实施城市公共交通优先发展战略,城市公共交通取得了长足发展。截至2009年年底,全国共拥有公共汽电车41万辆;轨道交通车辆5500多辆,轨道交通运营里程约1000公里;城市公交专用道里程7400多公里;公共交通年运送乘客780亿人次。城市公共交通为城市经济社会快速发展提供了有力支撑。

"十二五"及今后一段时期,是我国城市公共交通发展的重要战略机遇期和攻坚期。十一届全国人大四次会议通过的《国民经济和社会发展十二五规划纲要》指出:"要坚持把保障和改善民生作为加快转变经济发展方式的根本出发点和落脚点。加快发展各项社会事业,推进基本公共服务均等化。"同时,规划纲要明确提出:"实施公共交通优先发展战略,大力发展城市公共交通系统,提高公共交通出行分担比率。"随着我国全面建设小康社会的快速推进,城市交通需求日益旺盛,居民出行需求在"量"和"质"方面同步提升,安全可靠、经济高效、便捷舒适乃至个性化的出行需求不断增强。据预测,到2015年,城市公共交通需求总量将达1100多亿人次。这些都对今后我国城市公共交通的发展提出了新的更高的要求。

随着城市公共交通管理体制的逐步理顺,指导城市公共交通发展成为交通运输部门的一项重要职责和重要工作,同时又是一项新任务、新职能。

如何科学指导城市公共交通发展，如何缓解日益严重的城市交通拥堵问题，如何建立以公共交通为主体的畅通、高效、安全、环保、公平、和谐的城市交通体系，都需要我们加强学习，全面系统地掌握城市公共交通管理的基本理论和管理知识。

交通运输部道路运输司在系统整理行业管理和调查研究等工作成果的基础上，组织有关单位和专家编写了《城市公共交通管理概论》一书。《城市公共交通管理概论》系统梳理了城市公共交通管理的基础知识，研究分析了城市公共交通的发展现状及趋势，归纳整理了各地城市公共交通发展和管理经验，有理论分析、有典型案例、有政策探讨。相信本书的出版将为各级交通运输主管部门加强知识储备和能力建设、更好地指导城市公共交通发展提供有益借鉴；同时也为广大城市公共交通企业转变发展方式，提升管理和服务水平提供参考。

我深信，有科学发展观的指导、有系统理论的武装、有典型经验的引领，我们一定能把城市公共交通这一民生工程指导好、实践好、发展好，全方位、多层次满足群众的基本出行需求，更好地服务城市经济社会可持续发展需要。

交通运输部副部长

二〇一〇年四月二十一日

主　　任：李　刚
副 主 任：李作敏　徐亚华
委　　员：石宝林　王兆荣　陈毅影　胡剑平

主　　编：李　刚
副 主 编：徐亚华　李　扬
主要成员：蔡团结　江玉林　吴洪洋　陈文彬　周　凌
　　　　　杨晓光　冯立光　郑　宇　张晓利　周　天
　　　　　刘　莹　彭　唬　周雪梅　关笑楠　闫　亮
　　　　　穆　毅　许　飒　邵路江　许志林　张好智
　　　　　张海涛　滕　靖　王振坤　余　柳　丁智萍
　　　　　杨丽改　安　健　狄　迪　张　栋　陈国俊
　　　　　刘小全

目 录

第一篇 综 合 篇

概述 ·· 3

第一章 城市公共交通简述 ·· 4
第一节 城市公共交通的定义和分类 ·································· 4
第二节 城市公共交通特征 ··· 10
第三节 城市公共交通的地位和作用 ································ 14
第四节 城市公共交通主要指标 ······································· 16

第二章 我国城市公共交通发展概况 ··································· 21
第一节 我国城市公共交通发展历程 ································ 21
第二节 我国城市公共交通发展现状 ································ 26
第三节 国内外城市公共交通管理经验及启示 ···················· 31

第三章 我国城市公共交通发展趋势 ··································· 36
第一节 面临的形势与需求 ··· 36
第二节 发展思路及重点 ·· 39
第三节 保障措施 ·· 45

第二篇 行 业 篇

概述 ··· 57

第四章 城市公共交通规划 ··· 58
第一节 内涵与定位 ·· 58

第二节　城市公共交通规划编制体系 ……………………………… 62
　　第三节　城市公共交通规划编制方法 ……………………………… 66
　　第四节　城市公共交通规划评价 …………………………………… 80
　　第五节　城市公共交通规划保障 …………………………………… 81
第五章　城市公共交通基础设施建设管理 ………………………………… 86
　　第一节　城市公共交通基础设施分类 ……………………………… 86
　　第二节　城市公共交通基础设施建设程序 ………………………… 87
　　第三节　城市公共交通基础设施建设管理典型模式 ……………… 92
　　第四节　城市公共交通基础设施竣工验收管理 …………………… 99
　　第五节　城市公共交通基础设施运营管理与维护 ………………… 102
第六章　城市公共交通运营管理 …………………………………………… 105
　　第一节　城市公共交通运营管理的主要内容 ……………………… 105
　　第二节　城市公共交通运营体制模式 ……………………………… 112
　　第三节　城市公共交通市场运营格局 ……………………………… 116
　　第四节　城市公共交通运营管理信息化的应用与发展 …………… 118
第七章　城市公共交通服务评价 …………………………………………… 121
　　第一节　城市公共交通服务评价指标 ……………………………… 121
　　第二节　城市公共交通服务评价方法 ……………………………… 125
　　第三节　城市公共交通服务评价实施机制 ………………………… 128
第八章　城市公共交通运营安全与应急管理 ……………………………… 132
　　第一节　管理职责 …………………………………………………… 132
　　第二节　日常安全监管 ……………………………………………… 134
　　第三节　应急管理 …………………………………………………… 137
第九章　城市公共交通票制票价与补贴 …………………………………… 145
　　第一节　票制 ………………………………………………………… 145
　　第二节　票价 ………………………………………………………… 150
　　第三节　城市公共交通成本核算 …………………………………… 155
　　第四节　城市公共交通补贴机制 …………………………………… 158

第三篇　企　业　篇

概述 …………………………………………………………………… 167

第十章　战略规划管理 …………………………………………… 168
第一节　战略规划管理的含义和内容 ………………………… 168
第二节　战略规划管理的关键步骤 …………………………… 169
第三节　战略规划的实践 ……………………………………… 170

第十一章　运营调度管理 ………………………………………… 172
第一节　运营调度管理的基本流程 …………………………… 172
第二节　运营调度管理的含义和内容 ………………………… 174
第三节　运营调度管理的实践 ………………………………… 174

第十二章　服务质量管理 ………………………………………… 182
第一节　服务质量管理的含义和内容 ………………………… 182
第二节　服务质量的监控管理 ………………………………… 183
第三节　服务质量管理的实践 ………………………………… 184

第十三章　安全管理 ……………………………………………… 192
第一节　安全管理的含义和内容 ……………………………… 192
第二节　安全管理的主要指标 ………………………………… 193
第三节　安全管理重点 ………………………………………… 195
第四节　安全管理实践 ………………………………………… 197

第十四章　车辆技术管理 ………………………………………… 202
第一节　车辆技术管理的含义和基本任务 …………………… 202
第二节　车辆的全过程管理 …………………………………… 203
第三节　车辆技术管理的主要指标 …………………………… 204
第四节　车辆技术管理的实践 ………………………………… 206

第十五章　财务管理 ……………………………………………… 210
第一节　财务管理的含义和主要内容 ………………………… 210
第二节　财务管理的目标 ……………………………………… 213

  第三节 财务管理实践 ······ 214
第十六章 人力资源管理 ······ 219
  第一节 人力资源管理的含义和内容 ······ 219
  第二节 人力资源管理的目标 ······ 220
  第三节 人力资源管理的实践 ······ 221
  第四节 加强企业文化建设与员工思想管理 ······ 227
参考文献 ······ 229
后记 ······ 233

第一篇 综合篇
Zonghepian

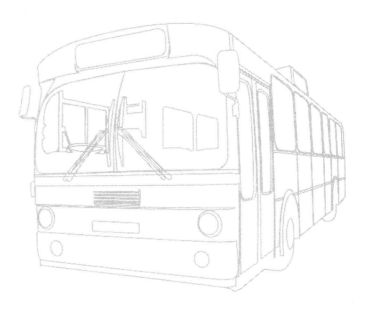

概　　述

当前,我国城市公共交通发展正处于关键历史时期,既面临着难得的发展机遇,也面临着许多新的需求和压力,如何满足新时期经济社会发展新要求和人民群众日益增长的出行需求,是我国城市公共交通发展面临的一项紧迫任务。综合篇共包括城市公共交通简述、我国城市公共交通发展概况以及发展趋势等三章内容,简要介绍了城市公共交通相关的基本知识要点,总结回顾了我国城市公共交通发展历程,对我国城市公共交通发展取得的成绩、存在的问题以及城市公共交通管理的主要经验进行了系统梳理和归纳分析,旨在为各级政府行业管理部门和城市公共交通企业管理者加强管理工作提供参考,并为广大公共交通从业人员及相关人士了解和认识我国城市公共交通行业发展现状、发展形势以及行业发展方向提供借鉴。

在此基础上,本篇结合当前我国经济社会发展的新形势,深入分析了城市公共交通发展面临的需求和压力,提出了新时期我国城市公共交通发展的总体思路和行业发展的重点任务,围绕推进城市公共交通优先发展战略的落实,从法规建设、规划编制、资金投入、体制改革、科技支撑等方面,提出了相应的保障措施和建议。

第一章 城市公共交通简述

第一节 城市公共交通的定义和分类

城市公共交通是指在城市一定区域内，利用公共汽（电）车、轨道交通车辆等工具和有关设施，按照核定的线路、站点、时间、票价运营，为社会公众提供基本出行服务的社会公益性事业。

由于现代城市对公共交通运输需求的不断提高，以及先进科学技术的广泛应用，城市公共交通系统也在不断发展变化，一些新的公共交通方式不断出现。根据我国公共交通行业标准《城市公共交通分类标准》（CJJ/T 114—2007），城市公共交通分为四大类：分别是"城市道路公共交通"、"城市轨道交通"、"城市水上公共交通"、"城市其他公共交通"。按照系统运营特点中载客工具又分成若干小类。城市公共交通的分类体系如图1-1所示。

1. 城市道路公共交通

城市道路公共交通是目前我国城市公共交通系统的主体。城市道路公共交通是指行驶在城市地区各级道路上的公共客运交通方式，包括常规公共汽车、快速公共汽车交通系统、无轨电车等。公共三轮车、公共马车也属于早期的城市道路公共交通，但目前使用极少。

1) 常规公共汽车

常规公共汽车是按照指定线路行驶在城市道路上，在固定站点停靠的公共交通服务方式。具有使用广泛、机动灵活、设施投资小、适应性强的特点。但是常规公共汽车易受其他交通工具干扰，道路交通较为拥堵时，运营速度低、可靠性较差。一条常规公共交通线路的单向客运能力一般为0.8万~1.2万人次/小时，运营速度在理想条件下可达到25公里/小时，一般条件下为15公里/小时。

2) 快速公共汽车交通系统

快速公共汽车交通系统是由公共汽车专用线路或通道、服务设施较完

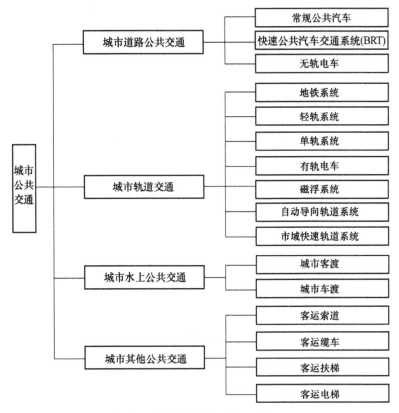

图 1-1 城市公共交通的分类体系

善的车站、高新技术装备的车辆、面向乘客需求的点线路组织和各种智能交通技术措施组成的公共客运系统,是 20 世纪后期新兴的城市公共交通方式。《快速公共汽车交通系统设计规范》(CJJ 136—2010)的定义为"以大容量、高性能公共汽电车沿专用车道按班次运行,由智能调度系统和优先通行信号系统控制的中运量快速客运方式,简称快速公交(BRT)"。国际上对快速公交的定义有多种描述。美国联邦公共交通管理局(FTA)将其定义为"结合轨道交通系统的品质和地面公共交通的灵活性,行驶在公交专用道、高乘载车辆专用道(HOV)、快速道路和一般街道上,结合使用智能交通技术、公共交通优先技术、低污染低噪声车辆以及快速便利的收费系统,同时结合公共交通引导土地开发利用政策的客运系统"。国际运输发展政策中心(ITDP)称之为"高品质、乘客导向的公交运输,提供快速、舒适、低成本的都市运输服务系统"。能源基金会(EF)定义为"利用改良的公共车辆、行驶在公共交通专用道路空间上、保持轨道交通特性且具备普通公共交通灵活性的一种便利、快速的公共交通方式"。我国台湾地区快速公共交通设计手册则定义为"采用部分或是完全专用道路以及轨道系统的运营方式,可以提供快速、弹性、低成本的公共交通服务方式"。

快速公共汽车交通系统的特征要素主要包括专用车道、专用站台、新型公共交通车辆、车外售票、智能交通应用、优质服务。快速公共汽车交通系统具有投资少、建设周期短、运营灵活等特点;与轨道交通合理配合能够解决当前的客流出行需求,起到强大的客流集散效果,同时为未来轨道交通培育客流和预留空间。快速公共汽车交通系统的运输服务具有快速性、可靠性、经济性、环保性、运量大等特点。

3) 无轨电车

无轨电车是具有固定的行车路线和车站,通常由外界架空输电线供电(也可由高能蓄电池供电)的无专用轨道的电动公共客运车辆。无轨电车系统设施由无轨电车车辆及其相匹配的牵引供电系统、相对固定的运营线路、相应等级和规模的起点站、中途站、终点站和停车站场、维护修理场地所组成。无轨电车的客运能力以及运营速度,基本与公共汽车相同。

2. 城市轨道交通

城市轨道交通是采用轨道结构进行承重和导向,设置全封闭或部分封闭的专用轨道线路,以列车或单车形式,运送大规模客流的公共交通运输系统。与公共汽(电)车等交通方式相比,城市轨道交通具有运量大、速度快、安全、准时等特点,对于节约能源和用地、保护环境、引导城市集约发展有重要作用。

《城市公共交通分类标准》(CJJ/T 114—2007)综合各种轨道交通的运营特点及技术特征,将城市轨道交通分为七类:地铁系统、轻轨系统、单轨系统、有轨电车、磁浮系统、自动导向轨道系统和市域快速轨道系统。

1) 地铁系统

地铁系统也称地下轨道,简称地铁,泛指高峰时单向客运量在3.0万~7.0万人次/小时左右的大运量或高运量轨道交通系统。地铁系统采用钢轮钢轨体系,标准轨距为1435毫米,主要在大城市地下空间修筑的隧道中运行,当条件允许时,也可穿出地面,在地上或高架桥上运行。按照选用车型的不同,又可分为常规地铁和小断面地铁,根据线路客运规模的不同,又可分为高运量地铁和大运量地铁。

地铁系统具有容量大、快速、准点、安全、舒适等优点,缺点是建设成本高、周期长等。

2) 轻轨系统

轻轨系统也称轻型轨道,简称轻轨,泛指高峰时单向客运量在1.0万~3.0万人次/小时的中运量轨道交通系统。其车辆轴重较轻,对轨道的载荷相对于地铁较小。

轻轨是地面有轨电车的现代化形式,轻轨系统通常在封闭或者半封闭的通道内运营,可以根据城市的具体特点,采用地下、地面及高架相结合的形式,遇繁华街区,可进入地下或与地铁接轨。与地铁相比,轻轨系统行车速度快、乘坐舒适、噪声小,其最小平曲线半径和最大纵坡等现行标准远比地铁要求低,具有较大的灵活性和适应性,建设成本也相对较低。通过采用现代化的自动列车控制和技术,轻轨车辆通常比有轨电车车辆更加宽敞和舒适。

3) 单轨系统

单轨系统也称单轨轨道,简称单轨,是指车辆以一根轨道梁运行、车辆与特制轨道梁组合成一体运行的中运量轨道运输系统,轨道梁不仅是车辆的承重结构,同时是车辆运行的导向轨道。单轨系统的类型主要有两种,一种是车辆跨骑在单片梁上运行的方式,称之为跨座式单轨系统;另一种是车辆悬挂在单根梁上运行的方式,称之为悬挂式单轨系统。

单轨系统适用于单向高峰小时最大断面客流量1.0万~3.0万人次的交通走廊。因其占地面积很少,与其他交通方式完全隔离,运行安全可靠,建设适应性较强。单轨系统比较适合在以下情况下使用:城市道路高差较大、道路半径小、线路地形条件较差的地区;旧城改造已基本完成,而该地区的城市道路又比较窄;大量客流集散点的接驳线路;市郊居民区与市区之间的联络线;旅游区域内景点之间的联络线,旅游观光线路等。

4) 有轨电车

有轨电车是由电力牵引、轮轨导向、单厢或铰接运行在城市路面上的中低运量城市轨道交通系统。电车轨道主要铺设在城市道路路面上,车辆与其他地面交通混合运行。根据街道条件,又可区分为三种情况:混合车道;半封闭专用车道(在道路平交道口处,采用优先通行信号);全封闭专用车道(在道路平交道口处,采用立体交叉方式通过)。

现代有轨电车技术性能和舒适度大大提高,运行平稳舒适、噪声小、乘坐方便、运行准时;造价低、灵活性好、建设周期短;可达性好,乘坐方便,更适合城市街道布局。对于没有地铁、轻轨的中小城市,有轨电车可作为客运交通的骨干。在大城市,有轨电车可以作为地铁、轻轨的加密网络,尤其适合新兴卫星城的内部交通。

5) 磁浮系统

磁浮系统也称磁悬浮交通系统,是指用直线电动机驱动、通过电磁场悬空、非黏着列车运行的一种新型轨道交通系统。磁浮系统主要分为常导磁吸型和超导磁斥型两类。目前,磁浮系统主要有两种基本类型,一种是高速磁悬浮列车,其最高行车速度可达 400~500 公里/小时;另一种是中低速磁悬浮列车,其最高行车速度可达 100~150 公里/小时。

磁悬浮交通系统保留了轨道、道岔和车辆转向架以及玄关系统等许多传统机车车辆特点。克服了传统列车机械噪声和磨损问题。磁浮系统适用于城市人口超过 200 万的特大城市,是重大客流集散区域或城市密集地区城际之间较为理想的直达客运交通,也是轨道运输系统的一种技术先进的客运方式。

6) 自动导向轨道系统

自动导向轨道系统也称自动化导向交通,是指利用导轨导向、自动控制运行的中运量旅客轨道交通系统。车辆采用橡胶轮胎,通过非驱动的专用轨道引导列车运行。其列车沿着特制的导向装置行驶,车辆运行和车站管理采用计算机控制,可实现全自动化和无人驾驶,通常在繁华市区线路可采用地下隧道,市区边缘或郊外宜采用高架结构。

自动导向轨道交通是一种由驾驶员控制并接受外界导向行驶系统,常见的导向轨道交通利用导轮进行引导,是胶轮轨道系统与无轨电车的结合,特点是使用胶轮、半接受或完全接受外界的导向与限制,运营路线可以部分利用专用道路段,也可以与其他汽车共用普通城市道路,在车道、导引、驱动、操作方面均具有轨道公共交通和常规公共交通的双重特性,噪声低,转弯半径小,爬坡能力强,建设运营成本低,节能环保。导向轨道交通的路权是选择性专用路权。在有轨道的专用路段上,它有与轨道交通相似的特性,运行速度大大高于普通道路的公共汽车,与快速公交速度相当,甚至超过快速公交;在条件不允许专用的路段上,又可以收起导向轮,行驶到普通城市道路上,因此具备了良好的灵活性和兼容性。

7) 市域快速轨道系统

市域快速轨道也称市郊轨道,指联系城区与郊区,以及连接城市周围卫星城镇或者都市圈的城市轨道交通系统,因其服务对象以短途、通勤的旅客为主,也被称为通勤列车或者月票轨道。市域快速轨道系统往往又是连接大中城市干线铁路的一部分,因此还具有干线轨道的技术特征,通常是市郊旅客列车与干线客车和货车混合运行。站距一般为1公里(市区)、3~5公里(郊区),比传统铁路10公里以上的站距小得多,从而适应市郊客流需求特点。市域快速轨道系统客运量可达20万~45万人次/天。

3. 城市水上公共交通

城市水上公共交通是航行在城市及周边地区水域范围的公共交通方式,是城市公共交通的重要组成部分,主要有:过江(河)两岸公共交通、沿岸线航行公共交通和旅游观光交通。按照运送对象的不同又可分为客渡和车渡形式。

4. 城市其他公共交通

除以上公共交通方式之外,在一些特殊情况下使用的客运索道、客运缆车、扶梯、电梯等交通方式,也具有城市公共交通的服务特征。

城市主要公共交通方式的性能指标对比情况见表1-1。

城市主要公共交通方式性能指标对比表 表1-1

公共交通方式	地铁	轻轨	公共汽(电)车
路权形式	专用轨道	专用轨道	城市道路
每车道每公里投资(亿元)	6.0~8.0	1.5~3.5	0.1~0.2

续上表

公共交通方式	地铁	轻轨	公共汽(电)车
运送速度(公里/小时)	30~40	25~30	15~25
发车频率(车次/小时)	20~30	40~60	60~90
单向运送能力(万人次/小时)	3.0~7.0	1.0~3.0	0.8~1.2
人均占路面积(平方米/人)	0~0.2	≤0.5	1.0~2.0
建设成本(设地铁为1)	1	1/5~1/3	1/30~1/10
运营成本(设地铁为1)	1	2/3	≤1/2
人均能耗(设地铁为1)	1	1.25~1.5	1.5~2.5
建设周期(天/公里)	60	36	≤7

第二节 城市公共交通特征

与其他城市交通方式相比，城市公共交通的特征主要体现在功能特征、需求特征、运营管理特征以及服务特征等方面。

1. 功能特征

从交通运行功能方面看，与小汽车*等其他交通方式相比，城市公共交通具有占道少、运量大、能耗低、资源占用少、社会公平性强等特点。具体体现在：

（1）从道路资源利用情况看，公共汽车、小汽车和自行车所占土地资源比为11.6:13.4:1，运送相同数量的乘客，小汽车占用的道路资源是公共汽车的23倍，城市轨道交通的运输效率比公共汽车更高。

（2）从能源消耗情况看，每人每公里通行所需的标准煤消耗，小汽车、摩托车与公共汽(电)车的比例为4.9:2.45:1，若采用大运量轨道交通作为公共交通工具，节能效果更加明显。国际城市交通发展实践表明，在城市交通出行比例中，如果有1%的小汽车出行人转向乘坐公共交通工具出行，可使城市交通总能耗降低0.8%，节省原油60多万吨。

---

* 注：指中华人民共和国国家标准《汽车和挂车类型的术语和定义》（GB/T 3730.1—2001）中定义的小型乘用车，俗称小汽车。

(3)从环境保护角度来看。据测算,公共交通在高峰小时每人每公里平均排放的 CH、CO、NO_x 三项污染物,分别是小汽车的 17.1%、6.1%、17.4%;在城市中,如果轨道交通承担的客运量达到 50%,CO 和 NO_x 的排放量可分别降低 92% 和 86%。城市公共交通与其他交通方式主要效能指标对比情况见表 1-2 和表 1-3。

各交通工具使用者实际支付费用与运营总成本的比例　　　　表 1-2

序　号	交通方式	实际支付费用/运营总成本(%)
1	步行	100
2	自行车	96.6
3	摩托车	34.8
4	小汽车	59.6
5	出租车	47.8
6	公交车	81.6

各交通方式运输效能指标　　　　表 1-3

指　标	公共汽车	小汽车	自行车
占用道路交通面积(平方米/人)	1~1.5	40~60	8~12
油耗比	1	6	—
碳氢化合物排放量[克/(100人·公里)]	12	130	—
一氧化碳排放量[克/(100人·公里)]	19	189	—
氮氧化物排放量[克/(100人·公里)]	95	934	—
安全水平(10^8 人公里死亡率)	0.07	0.7	—

(4)从交通安全水平来看,每亿人公里死亡率:轨道交通为 0.035,公共汽车为 0.07,小汽车为 0.7,摩托车为 14。如果以轨道交通为参照基准,则公共汽(电)车、小汽车、摩托车的单位人公里死亡人数依次为轨道交通的 2 倍、20 倍、394 倍。

(5)从全成本核算角度看,根据相关研究成果,不同交通工具使用者实际支付的费用与其运营过程中所产生的全部成本(包括环境污染成本、拥堵时间成本、资源占用成本等)的比例存在较大差异,见表 1-2 和表 1-3。假设步行方式的实际支付成本与全部成本的比例为 100%,以此为参照,摩托车和小汽车出行者最低,分别为 34.8% 和 59.6%。这说明,私人交通工具使用者的出行成本中有很大一部分被社会公共资源所"免费补贴"了。因此,优先发展城市公共交通对于促进社会公平性具有重要意义。

2. 需求特征

"衣食住行"是人民群众最基本的生活需求,而城市公共交通解决的是最广大人民群众的基本出行需求,是居民生活的必需品,是城市功能正常运转的基础支撑。城市居民对公共交通服务具有很大程度上的依赖性和使用"惯性",要求公共交通服务必须体现稳定性、可靠性、普惠性及公平性,要能够满足不同收入、不同年龄、不同职业以及残疾人等各群体的多元化的出行需求。

3. 服务特征

公共交通服务是一种典型的公共服务,涵盖了多方面的特性,对其服务特征应从交通工程角度、服务业角度和公共产品角度进行分析。

(1) 交通工程角度:

①服务对象的广泛性。公共交通是城市客运的主体,公共交通线路和各种服务设施遍布城市的各个区域,为各种职业、各个层次的居民提供普遍的客运服务。

②服务方式的开放性。公共交通依靠每一名驾驶员、乘务员和其他服务人员在站台、车内,直接、面对面地为乘客服务,整个服务过程公开、透明,直接置于乘客的监督之下。

③服务作业的分散性。公共交通的运营服务主要依靠单车作业,每辆公共交通车辆在道路上也是各自行驶,是流动、分散的。

④服务的规定性。这是由公共交通的服务方式决定的,公共交通的主要任务是在规定的线路、规定的时间把乘客运送到规定的地点,不能根据任何个人的意愿随意运行。

(2) 从服务业角度:

①直接服务于乘客本身。公共交通直接服务对象是乘客,乘客参与并影响着公共交通服务的全过程;公共交通服务的舒适性、安全性、工作人员

的服务态度等因素直接影响着乘客自身的感受。

②服务人员与服务对象接触的随机性。不同乘客乘坐不同公共交通车辆,所遇到的服务人员都有可能不同,因此,每次服务质量的优劣都直接影响着乘客对公共交通的评价和感受。

③高峰时刻服务强度大。由于不同类型乘客的上下班和上下学等时间相对比较集中,造成高峰时刻的需求量巨大,公共交通服务强度大。

④劳动密集程度较高。

⑤乘客品牌消费取向较弱。公共交通乘客选择公共交通服务主要考虑的是便利、快速等服务质量,对服务提供者的品牌等因素考虑相对较弱。

(3) 从公共产品角度:

①公共交通具有公用性和公益性的特征。其产品和服务是针对所有城市居民的,并不像普通产品的销售都有特定的消费群体,而且往往还需承担一些社会公益义务。

②投资大、回收期长,市场化程度低。如大城市建设一公里地铁就需6亿~7亿元。另外,还具有天然的垄断需求,其市场化和竞争程度较低。

③价格机制不灵活。公共交通服务具有长期性和普遍性,其价格的形成和调整涉及大多数居民的利益,不可能随行就市,完全按照供求规律行事。

④政府和社会舆论干预。由于涉及大多数市民利益,以及消费群体的利益诉求不同,政府和社会舆论常常会对公共交通企业进行"道义上的说服"或行政上的干预。

4. 运营与管理特征

由于城市公共交通为广大群众的基本出行需求服务,因此,具有较强的社会公益性,需要政府对城市公共交通行业从价格、准入、服务、安全等方面进行管制。国内外城市公共交通发展实践表明,公共交通线路经营权作为重要的公共资源,必须坚持政府主导的发展方向,不宜作为市场资源进行过度的市场化经营,否则极易影响公共交通基本公共服务功能的发挥。另外,城市公共交通庞大的投资需求与价格管制特性,要求政府必须赋予公共交通企业一定的扶持政策,以维护企业的可持续发展能力。

第三节 城市公共交通的地位和作用

城市公共交通是满足人民群众基本出行需求的社会公益性事业,是交通运输服务业的重要组成部分,与人民群众生产生活息息相关,与城市经济运行和社会发展密不可分,是城市重要的基础设施和重大的民生工程。与国外城市相比,我国城市具有人口基数大、人口密度高、低收入群体多、老龄化趋势明显等特点,城市交通需求总量大、需求层次多、经济敏感度高,由此决定了我国城市的健康发展必须以公共交通为支撑。

1. 支撑城市功能正常运转

公共交通是城市经济发展的"动脉",是联系社会生产、流通和人民生活的纽带,是提升城市综合竞争力的关键环节,是城市功能正常运转的基础支撑。城市公共交通作为城市重要的基础设施和城市交通系统的核心,关系国计民生等重大事业,被誉为社会生产的第一道工序、城市公益事业的第一要件,是国际大城市交通可持续发展的共同选择。发达的城市公共交通系统不仅能够为居民出行提供便利,而且可以促进城市国民经济和社会事业的发展,保障城市交通健康有序运行,对于维护城市的正常运转、满足人民群众日益增长的出行需求、促进城市经济社会的全面发展具有重要意义。世界各国的经验表明,优先发展城市公共交通是实现城市交通可持续发展的必然选择。我国城市和城市交通发展的现状特点决定了我国城市交通发展必须走以公共交通为主导的集约化发展道路。随着我国经济社会的快速发展和各项社会事业的稳步推进,城市交通需求日益旺盛,要求城市公共交通必须加快优先发展步伐,发挥基础支撑作用。

2. 引导城市功能布局和城市形态发展

城市交通的服务水平直接影响城市土地的价值和土地的开发强度,进一步影响了城市的功能布局和城市发展形态。一方面,城市交通系统的空间布局对城市土地利用的发展方向具有重要的引导作用,进而影响到城市土地利用空间结构的变化。公共交通运量大、成本低的特点能满足高密度开发地区大量普通居民的出行需求,大容量公共交通系统能够支撑较高强度的土地开发,特别是轨道交通准时、快速和大容量的交通特征,能引导沿线的土地开发向高密度、高强度、集约化方向发展。国际城市交通发展水平较高的城市,如新加坡、香港等,均建立了完善的城市公共交通系统,来引导城市功能布局和产业结构调整,实现城市交通与土地利用的协调发展。另一方面,不同区域的交通结构影响着居民的生活方式,而生活方式的改变直接影响着城市的用地布局形态,可达性高的地区相对可达性低的地区能够吸引更多的人流和信息流。发达、便利的公共交通系统对于城市商业中心、金融中心等功能区的培育和发展具有重要的引领作用。

3. 推动建设资源节约、环境友好型城市

我国城市土地资源稀缺,城市人口密集,居民收入水平总体不高。城市公共交通具有容量大、效率高、能耗低、污染小等优势,优先发展公共交通最适合我国城市发展和交通发展的实际需求,是减少环境污染、降低能源消耗,实现城市低碳发展、可持续发展的重要途径;是贯彻落实科学发展观和建设节约型社会的重要举措。发展城市公共交通能降低交通运输的社会成本,提高交通设施综合效益,符合国家可持续发展、社会经济集约化发展和节能高效的方针;符合科学发展观的具体要求。在我国城镇化、机动化进程快速发展、城市交通拥堵和资源环境压力日益加剧的新形势下,迫切需要加快转变城市公共交通发展方式,不断提高公共交通的竞争力和吸引力,减少公众对小汽车的依赖,加快公共交通信息化、智能化建设,不断提高运营效率,加大节能减排力度,缓解交通拥堵和资源环境压力,更加注重科学发展,走资源节约型、环境友好型发展道路。

4. 体现"以人为本"和社会公平性

交通出行是广大人民群众最基本的生活需求之一。城市公共交通为所有居民提供普惠性的社会公共出行服务,为城市的社会生产和再生产提供最一般的物质条件,是重要的民生工程,是政府应当提供的基本公共服务。发展城市公共交通体现了最广大人民群众的根本利益,特别是为低收入阶层提供了优先享有交通出行的权益。因此公共交通优先体现了人民大众优先,有利于实现社会公平正义。通过优先发展公共交通,确立公共交通在城市交通中的主体地位,引导群众选择公共交通作为主要出行方式,为广大人

民群众提供安全、方便、舒适、快捷、经济的出行服务,是实现我国城市可持续发展的客观需求,也是体现社会公平正义,构建和谐社会的重要内容。

第四节 城市公共交通主要指标

1. 发展水平指标

1) 公共交通分担率

指标含义:(居民选择公共交通方式出行的出行量/城市居民总出行量)×100%。

指标说明:是衡量公共交通发展水平的核心指标,反映了公共交通在城市交通体系中的地位和作用,可以在很大程度上反映该市公共交通的发展水平与吸引力。目前公共交通分担率的测算方法主要有三种:一是以公共交通出行量占全方式居民出行量(含机动化出行与自行车、步行等非机动化出行)的比例来表示;二是以公共交通出行量占居民机动化出行总量的比例表示;三是以公共交通出行量占机动化出行与自行车出行量之和的比例来表示。

单位:%。

一般而言,步行是城市居民最基本的出行方式,其分担比例相对稳定。自行车交通也是我国城市居民、尤其是工薪阶层和低收入人群的主要出行方式之一。其分担比例在20世纪80年代曾高达40%~70%,目前已明显降低。城市公共交通应当与步行、自行车交通相互补充,共同形成绿色、低耗、节能、环保的交通模式。

2) 核定运能

指标含义:每日每车平均服务人次。

指标说明:是决定公共交通系统运能供给和服务水平的关键指标,是考虑了车辆利用率、客流波动、运营车速、服务时间及拥挤程度后的综合指标。该指标过高将导致配车不足,车辆过分拥挤;过低又会加大经营单位运营成本,降低使用效率。因此,必须根据城市的社会经济发展情况、公共交通系统服务水平以及实际的运营管理状况确定该指标。一般标准公共汽车的核定运能为700~1000人次/日车。

单位:人次/日车。

3) 能耗强度

指标含义:在统计期内,公共交通总能耗/公共交通客运量。

指标说明:运送每人次所需能耗,用来评价城市公共交通的能源消耗情况。

单位:标准煤/人次。

4) 公共交通固定资产投资率

指标含义:公共交通固定资产投资/城市交通固定资产投资×100%。

指标说明:评价城市政府对公共交通发展的财政支持力度。

单位:%。

2. 设施设备指标

1) 万人公共交通车辆标台数

指标含义:截至报告期末城区内每万人平均拥有的公共交通车辆(含公共汽(电)车和轨道交通车辆)标台数。

指标说明:衡量城市公共交通基础设施重要指标。

单位:标台/万人。

2) 站点覆盖率

指标含义:(公交站点服务面积/城市用地面积)×100%。

指标说明:反映城市公共交通服务方便程度的重要指标。根据有关标准,按车站服务半径300米计算,城市建成区不应低于50%,中心城区不应低于70%;按车站服务半径500米计算,城市建成区不应低于90%。

单位:%。

3. 线网指标

1) 线路长度

指标含义:城市公共交通运营线路总长度。

指标说明:线路长度与城市面积、平均乘距等有一定的比例关系。规范线路长度有利于运营管理,既便于制定票价,特别是推行一票制;也便于运行调度、控制线路的服务水平。

公共交通线路平均长度与居民公共交通平均出行长度有关,线路长度约为平均乘距的2.0~2.5倍。根据线路运营经济性和管理要求,除短驳线外,一般公共汽车线路长度不小于5公里,不超过公共交通线路长度最大值(L_{max}),计算式为:

$$L_{max} = V \times T_{max}$$

式中:V——公共交通车辆平均运营车速;

T_{max}——城市95%居民的平均出行时间。具体线路长度的设计以客流需求为准则,兼顾起终点站的位置和设置条件。新辟线路还应考虑换乘的便利。一般情况下,市区线路长度为10~15公里。

通常根据城市特点、客运系统结构和客流特征,可以将地面公共交通线路分成三类。

(1)骨干线路。在有轨道系统的城市,地面公共交通骨干线路定义为中运量的快捷线路,作为轨道交通的补充,承担部分中长距离的客流。在没有轨道系统的城市,骨干线路在城市主要客运通道上提供快速、可靠的公共交通服务。通过专用车道、车站、车辆、运营调度等的整合设计,还可以将部分骨干线路提升为快速公共交通线路(快线)。

为了保证运营车速,骨干线路应尽量在专用车道上行驶,要求有相对独立的道路空间、配套的信号控制优化系统和车辆运行监控系统;运营车速达到20公里/小时以上;其主要功能是提高地面公共交通服务的可靠性与竞争力。

(2)区域线路。区域线路连通轨道交通线网和地面公共交通骨干线网,构成地面公共交通线网的主体。区域线路主要承担中短距离的出行,要求密度高、覆盖面广,保障公共交通的出行便利,并随区域开发及时延伸。

(3)驳运线路。驳运线路为地面公共交通骨干线路和轨道交通等提供接驳服务。驳运线路既可以设置在大型住宅区或公共活动中心,吸引零星客流,并驳运到最近的区域公共交通枢纽或轨道交通站;也可以深入到生活居住区、学校、商业区、公共活动中心,提供一端到门的短途客流服务,也包括社区公共汽车。

驳运线路起到减少步行到站距离、扩大公共交通服务覆盖面、提高公共交通服务质量的作用。驳运线路可以采用比较灵活的运行方式、运行时段、线路走向与票制,根据客流强度选择车型。

2) 网络密度

指标含义:所有公共交通运营线路的实际长度/城市建设用地面积。

指标说明:城市公共交通网络密度有两种算法:一是公共交通路网密度,指每平方公里的城市建设用地面积上,有公共交通线路经过的道路中心线长度;二是公共交通线网密度。

$$公共交通路网密度 = \frac{有公共交通线路经过的道路中心线总长度}{城市建设用地面积}$$

$$公共交通线网密度 = \frac{公共交通运营线路总长度}{城市建设用地面积}$$

单位:公里/平方公里。

4. 运输服务指标

1) 换乘距离

指标含义:从一条线路换乘到另一条线路或者从一种交通方式换乘到另一种交通方式的移动距离。

指标说明:可用长度或时间来表示。

公共交通车站间换乘,在路段上同向换乘距离不应大于50米;异向换乘距离不应大于100米。在道路平面交叉口和立体交叉口上设置的车站,换乘距离不宜大于150米。枢纽内垂直换乘步行距离不宜大于100米。综合枢纽内各交通方式之间的换乘距离不宜大于250米。

单位:米。

2) 平均换乘系数

指标含义:公共交通总乘次/公共交通出行总人次。

指标说明:是衡量乘客直达程度、方便程度的指标。总乘次是所有公共汽车载客人次的总和,按出行定义,一次出行如果需要换乘公共交通线路,就包含了一个以上的乘次。平均换乘系数体现公共交通出行的一次通达性,大城市应控制在1.5以下。

$$平均换乘系数 = \frac{公共交通出行总人次 + 换乘人次}{公共交通出行总人次}$$

3) 乘客满意度

指标含义：对公共交通服务质量满意和比较满意的乘客数/被调查的乘客数×100%。

指标说明：乘客满意度是反映公共交通服务水平的重要指标。该项指标越高，反映公共交通服务越好。随机调查不少于20%的运营线路，每条线路收回问卷不少于200张。

单位：%。

第二章 我国城市公共交通发展概况

第一节 我国城市公共交通发展历程

我国是世界上最早出现城市和城市公共交通的国家之一。早在隋朝，首都洛阳就有作为公共交通方式运营的船只出现。到唐朝，都城长安的轿乘成为当时主要的城市公共交通工具。鸦片战争后，马车在通商口岸风行，成为代替轿乘的公共交通工具，随后人力黄包车也逐步发展起来。1904年，香港首先建立起有轨电车运营线路，之后天津、上海、大连等通商口岸也相继建设了有轨电车交通线路，标志着我国进入了以机动化交通工具为代表的近代公共交通发展阶段。1922年，上海运营了我国第一条公共汽车线路。新中国成立以前，我国城市公共交通企业通常以官办或商办为主，规模小、车辆旧、服务能力低，城市公共交通总体发展十分缓慢。

1. 恢复发展阶段（1949～1978年）

1949～1978年，我国处于社会主义计划经济体制时期。在计划经济体制下，我国城市公共交通行业一直倾向于实行由政府直接投资、国有企业垄断经营的政府统包经营的管理体制。典型的表现形式是：领导由政府委派，价格由政府制定，资金由政府划拨，企业由政府管理，企业盈亏由政府统一负责，不存在任何经营风险，是一种典型的政企合一的管理体制。在这种机制下，政府是提供城市公共交通服务的唯一主体，直接控制城市公共交通的发展规划，直接进行投资建设和运营管理，以低价格提供城市公共交通服务，城市公共交通服务水平相对较低。本阶段城市公共交通发展的问题主要有：

（1）行业管理低效。国家统包统管的体制必然形成企业经营上的依赖性，由此带来管理意识的淡化，管理技术的落后，导致公共交通运力利用低效和企业经济效益低下,城市公共交通总体运力短缺与运力资源调配不均衡,以及公共交通企业资金短缺与资金使用不合理等问题,造成公众乘车不便,企业发展陷入困境。

(2)企业经营困难。这一时期,我国对公共交通实行低投入、低补贴、低票价的管理政策,但是由于经济实力有限,政府对公共交通投入严重不足,导致公共交通企业经营十分困难,连简单再生产也难以维持,服务质量难以保证。

(3)企业经营劳动密集。由于普遍就业的指导思想以及城市公共交通技术上的落后,造成我国城市公共交通企业采取了劳动密集型经营模式,过多的人员队伍给企业经营造成沉重的压力,使公共交通企业不堪重负,发展乏力。

2. 探索发展阶段(1978~2004年)

20世纪七八十年代以来,公共服务改革、公共部门私营化已成为全球发展的趋势。在社会主义市场经济体制改革的推动下,我国城市公共交通进入探索发展阶段。公共服务市场化改革在西方国家和我国的实践直接带动了城市公共交通行业的市场化改革进程。

城市公共交通行业的市场化改革最早可追溯到20世纪80年代。当时,交通紧张状况在一些大城市开始显现,我国城市交通也由此跨入了以"公交乘车难"为特征的"城市交通紧张初生期"。"乘车难"及由此反映出的城市公共交通经营体制、票价、企业亏损等主要问题引起了政府的重视。1985年国务院以国发59号文的方式批转了城乡建设环境保护部《关于改革城市公共交通工作报告的通知》,提出了"以国营为主,发展集体和个体经营"的经济结构,改变城市公共交通独家经营的体制。在经营方式上提出"可以实行全民所有制下的个人承包"。与以前一味强调公共交通企业的公益性不同,国发59号文提出"企业经营完全实行独立核算,自负盈亏",肯定了企业的经营性质和双重属性的定位。在其影响下,各城市在财政资源相对有限、公众需求增加的情况下,开始逐步放开公共交通行业的准入门槛,实行市场化改革。概括起来公共交通行业的市场化方式可以分为承包经营、租赁经营、线路特许权经营和企业股份化四类,见图2-1。

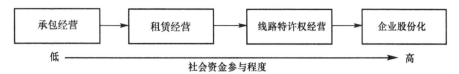

图 2-1 社会资金参与公共交通的方式

根据公共交通资金的社会化程度,这一时期,城市公共交通企业运营模式主要有以下六种:

(1) 国有公司。国有公司是按照政府规定的线路、时间、班次、票价运营,原则上政策性亏损部分由政府财政补偿。国有公司模式在城市具有重要的特殊的作用,是政府保证公共交通效率的重要方面,需要政府财政给予大力支持。

(2) 车队–分公司–公司三级承包责任制。这是大城市公共汽(电)车、轨道交通、轮渡等企业经营的主要模式之一。车队向分公司承包、分公司向总公司承包、总公司向政府管理部门承包。承包的内容主要是:包死基数、收支合流、超亏不补、减亏全留、以服务指标控制;严格控制承包,对燃料、配件、劳动力及企业管理费进行分项重点控制;完善服务指标,实行经理任期目标责任制考核,确定以车辆出场时间、高峰出车率、首末班车时间、低谷最大间隔、运能配备、乘客投诉、车况车貌和重大安全事故等为制约的服务指标。这种模式实质上是运营机制由计划经济向市场经济转换的过渡阶段。这个阶段职工的积极性在一定程度上被调动起来,服务水平有所提高,但局限性很大,企业的亏损面和亏损程度不断加大,服务水平难以从机制和设施上得到提高。

(3) 联营公司。这类公司中,出资或提供车辆的一方只参与利润分红,并不参与经营服务,车辆的产权关系不变。这种由若干班车组成的联营公司,一般由国有公共汽车公司牵头组织管理,规定线路、运营时间、班次、票价,在高峰时间运营,票款收入一般全归联营单位,不需纳税。联营单位之间不发生利益关系,各司其职,各得利益,风险自担。这种模式实质上是公共交通企业车辆数量不足,利用社会车辆补充运力的一种手段。

(4) 外资和合资企业。外方提供全部或部分资金,中外双方共同或单独经营,自负盈亏。这种模式在公共交通企业转换机制、建立市场经济运营机制初期,无疑起到了十分重要的作用,尤其是对建立票价调整机制具有推动作用。

(5)股份制公司。最初许多小公共汽车企业内部实行股份合作制模式,此后一些公共汽(电)车公司也改制成为股份制公司经营模式,有的还组建成为上市公司。这种模式将公共交通企业全面推向了市场。

(6)有限责任公司。在线路特许经营权制度下,实行独立经营、自负盈亏,独立承担有限经济责任。

由于城市公共交通的公益性与市场化的关系尚未完全处理好,当时没有明确的公共交通优先发展政策和公共交通市场化运营机制,城市公共交通在市场化改革过程中出现了一些问题,影响了公共交通整体效率的发挥。伴随我国经济的快速增长、城镇化进程的加快,这一阶段各大城市面临小汽车交通的挑战,城市交通不断恶化,但公共交通行业未建立良性循环发展机制,公共交通的效能没有充分发挥。该阶段城市公共交通发展存在的问题主要有:

(1)城市公共交通管理体制分割。城市公共交通和道路客运由交通、城建等部门分别管理,各自发牌发证,职责互相交叉,城市公共交通管理较为混乱,不利于城市公共交通的发展。

(2)城市公共交通发展政策滞后。城市公共交通的性质定位不清晰,尚未形成一套明确的公共交通优先和扶持政策,这与城市公共交通作为国民经济发展全局性、先导性影响产业的地位不相适应,致使我国大多数城市公共交通企业经营困难。

(3)片面强调经营管理市场化。城市公共交通企业的特殊性质决定了不宜在这一行业内开展过度竞争。这一时期,由于大多数城市公共交通行业管理机构采取了由多家企业共同经营的管理方式,虽然对促进城市公共交通企业提高经济效益起到了一定作用,但公共交通的服务水平受到了较大的影响。

(4)交通发展规划不协调。城市公共交通规划与城市规划、城市土地利用等规划不适应,相互之间协调衔接不足的问题较为突出。各种公共交通方式之间的运力配置、网络布局、换乘体系等方面,缺乏整合规划。重视运力规划,忽视运输组织与服务规划。既有公共交通线网的调整往往倾向于城市公共交通企业自身的经营利益。

3. 优先发展阶段(2004年至今)

党中央、国务院高度重视城市公共交通发展。2004年6月,温家宝总理做出重要批示:"优先发展城市公共交通是符合中国实际的城市发展和交通发展的正确战略思想。"2005年9月,国务院办公厅转发建设部等6部门《关于优先发展城市公共交通意见的通知》(国办发[2005]46号),进一步就实施城市公共交通优先发展战略进行了总体部署。公共交通优先发展战略的提出,标志着我国城市公共交通进入新的发展时期。

2006年,建设部、国家发改委、财政部、劳动和社会保障部联合发布了《关于优先发展城市公共交通若干经济政策的意见》(建城[2006]288号),要求加大城市公共交通投入,建立低票价补贴机制,认真落实燃油补助及其他各项补贴,规范专项经济补偿,维护职工合法权益,稳定职工队伍,加强领导,落实责任,确保行业稳定等,并对城市公共交通的财税和投资做出了相应规定。

国家确立"公共交通优先"发展战略以来,各城市人民政府贯彻实施优先发展城市公共交通的方针政策,不断加大了对城市公共交通发展的支持力度,公共交通基础设施逐步改善、线网密度不断加大、科技进步成效明显、服务水平和保障能力稳步提高,为改善人民群众基本出行、缓解城市交通拥堵、改善城市人居环境、促进城市经济社会可持续发展发挥了重要的支撑作用。上海市、杭州市、西安市公共交通优先发展的政策措施如专栏2-1所示。

专栏2-1:部分城市公共交通优先发展的政策措施

上海市:政府出台了《2007~2009年优先发展城市公共交通三年行动计划》,三年内投资约1100亿元资金,加快轨道交通和综合交通换乘枢纽等基础设施建设,以促进公共交通可持续发展。同时,编制了工作任务分解表,明确了28项具体工作的责任部门和配合部门。

> 杭州市：政府2008年颁布了《城市公共交通专项资金管理办法》，将市区土地出让金收入5%筹集的城市管理资金的50%，由市本级财政预算安排用于城市公共交通系统建设。
>
> 西安市：2007年颁布实施的《西安市公交优先发展指导意见》提出坚持以政府投入为主。政府对轨道交通、公共交通场站建设，车辆和设施装备的新增、更新以及公共交通智能化建设给予必要的资金支持和优惠政策。建立规范的公共交通成本费用评价制度、政策性亏损评估和补贴制度，城市公共交通企业运营成本向社会公开。对于实行低票价、完成政府指令性任务、承担社会公益服务形成的公共交通企业政策性亏损，财政每年应给予补贴。对规划确定的公共交通设施建设用地，符合《划拨用地目录》的，可以用划拨方式供地。不得随意挤占公共交通设施用地或改变土地用途。

2008年，国务院机构改革方案将指导城市客运管理的职责交给交通运输部，从国家体制上实现了对城乡客运的统筹管理。这是国家大部制改革的重大突破，为构建现代综合运输体系提供了基础保障，为解决城乡客运二元体制的问题，实现城乡客运一体化提供了强大动力。国家大部制改革以后，各地方政府也积极推进交通运输大部门体制改革。目前在省级层面已经全部将城市公共交通划归交通运输部门管理；在地市层面，全国绝大部分省、自治区所辖城市（含计划单列市、地区、自治州、盟等）已经明确由交通运输主管部门管理城市公共交通，并由道路运输管理机构（以下统称城市公共交通行业管理机构）具体实施，为推进城市公共交通优先发展和城乡道路客运公共服务均等化提供了重要的体制保障。城市公共交通迎来了前所未有的发展机遇。

第二节　我国城市公共交通发展现状

1. 发展成绩

国家提出公共交通优先发展战略以来，我国城市公共交通发展速度明显加快，服务能力和服务质量不断提升，为城市经济社会快速发展提供了有力支撑。取得的成绩主要体现在以下方面。

1) 运输能力稳步提高

近年来,我国城市公共交通运输能力稳步提高,客运总量、车辆装备量稳步增长,服务网络不断扩大,公共交通运力不足、群众出行不便的问题得到有效缓解。

运输总量平稳增长。2009年,全国城市公共交通(含公共汽(电)车、轨道交通)运输总量达779亿人次,比2005年增长61.3%。其中公共汽(电)车、轨道交通客运量分别为743亿人次和36亿人次,轨道交通客运量比2005年增长125%。

车辆装备不断改善。2009年底,全国公共交通运营车辆总量为45.8万辆,比2005年增长48.2%。全国共有北京、天津、上海、广州、大连、长春、武汉、深圳、重庆、南京10个城市开通轨道交通,轨道交通车辆5479辆。此外,城市公共交通车辆装备水平不断提高,新型高档车、空调车、新能源车不断投入使用。

服务网络不断扩大。到2009年,全国公共汽(电)车运营线路总长度为28.9万公里,比2005年增长81.7%。城区公共交通线网密度约为0.9公里/平方公里,比2005年增长130%。北京、上海、深圳、成都等大中城市已基本实现城乡客运一体化,农村地区也可享受到普惠性的城市公共交通服务。

2) 基础设施逐步改善

各地积极拓展建设资金渠道,吸引社会资金,加大公共交通固定资产投资力度,进一步加快了轨道交通、城市客运综合枢纽、公共交通场站、公交专用道和快速公交(BRT)等基础设施建设。一批城市综合客运枢纽和公共交通换乘枢纽相继建成。全国10个城市开通33条城市轨道交通线路,运营总里程达1011公里,比2005年增长128%。快速公交建设迅速推进,12个城市开通运营BRT,运营总里程约500公里。全国公交专用道里程达7452公里。

3) 科技创新能力显著增强

公共交通智能化信息采集与处理、IC卡系统、卫星定位系统(GPS)、智能公共交通调度与信号控制、可视化查询系统、应急救援等新技术和科技创新成果在城市公共交通领域得到应用。部分城市还建立了智能化公共交通运营调度和监控系统。此外,新能源、新燃料、高标准的节能环保型车辆也日益受到各级政府的关注,加速了公共交通车辆的升级换代,有效提升了城市公共交通的服务质量和可持续发展水平。北京市、青岛市和西安市公共交通发展概况如专栏2-2所示。

专栏2-2:部分城市公共交通发展概况

北京市:2009年全市公共交通客运量达到65.88亿人次,其中轨道交通14.23亿人次/年(日均390万人次),公共汽(电)车51.65亿人次/年(日均1415万人次),分别比"十五"期末增长109%、14.6%。公共交通出行分担率由"十五"期末的29.8%提高到40%。全市公共汽(电)车运营线路741条,车辆近2.2万辆;轨道交通运营里程达到336公里,比"十五"期末增长196%。

青岛市:市区公共交通由公交集团、交运集团两家国有企业经营。公共交通线路153条,其中公交集团142条,占92.8%;交运集团11条,占7.2%。线路总长度3248公里,公共汽(电)车3773辆。2009年客运量7.2亿人次,日客运量200万人次,市区公共汽(电)车出行比例约30%。市区130条公交线路为一元一票制线路,占线路总数的84%,有人售票线路23条(30公里以上线路),实施累进制票价。70岁以上的老年人、现役义务兵、革命伤残军人、盲人、残疾人持IC卡可免费乘车。

西安市:全市公共交通运营车辆6000多辆(暂无轨道交通),其中清洁燃料车4100辆。公共交通运营线路212条,其中公交总公司控股经营189条。公共交通线路长度4707.45公里,线网密度2.4公里/平方公里。公共交通分担率为35.4%,年均客运量38191万人次。截至2009年4月底,西安市已累计发行乘车IC卡340万张(其中学生卡17.8万张),市公交总公司和市公交巴士股份公司日客运量达280万人次,日平均刷卡197万人次。

2009年与2005年我国城市公共交通发展情况的对比见表2-1。

表2-1　2009年与"十五"期末城市公共交通发展情况对比

分类	指标	2005年	2009年	增长幅度
运量完成情况 （亿人次）	客运量	483	779	61.3%
	公共汽(电)车	467	743	59%
	轨道交通	16	36	125%
车辆装备水平 （万标台）	公共交通车辆数	30.9	45.8	48.2%
	公共汽(电)车	30.3	44.4	46.5%
	轨道交通	0.6	1.4	133%
运输网络规模	公共汽(电)车运营线网长度（万公里）	15.9	28.9	81.7%
	轨道交通运营线网长度（公里）	444	1011	128%

注：2005年数据来源于《中国城市建设统计年鉴》，2009年数据来源于交通运输部《公路水路交通发展年度报告》。

2. 存在的问题

总体上看，目前我国城市公共交通发展仍然比较滞后，与城市经济社会快速发展、群众生活水平不断提高的需求还有一定差距，公共交通优先战略实施尚处于起步阶段，公共交通基础设施建设滞后、有效供给能力不足、运输效率以及服务质量不高的问题仍然比较突出。主要表现在以下几个方面。

（1）公共交通在城市交通系统中的主体地位尚未确立。公共交通优先战略没有得到全面落实，城市公共交通发展总体滞后的局面还没有得到根本转变，公共交通在城市交通系统中的主体地位还没有确立。我国大城市公共交通的出行分担率平均约为20%，中小城市公共交通分担率平均不到10%，与发达国家城市相比还有很大差距。公共交通服务能力不足、高峰期运力紧张等问题较为突出，导致城市公共交通吸引力不高，公共交通在缓解城市拥堵、建设低碳交通等方面没有发挥应有的作用。

（2）公共交通服务质量与不断增长的出行需求还有较大差距。当前，我国城市公共交通体系结构单一，系统设施容量不足，公共交通线网密度和站点覆盖率偏低，公共交通服务水平不能满足群众多样化、多层次的出行需求。大运量快速公共交通起步较晚,在特大城市尚未形成以轨道交通和快速公交(BRT)为骨干、公共汽(电)车为主体、多种方式协调发展的公共交通服务网络系统;中小城市公共交通线路过少,发车频率过低。多数城市公共交通车速越来越低,候车时间长、准点率差、换乘不方便、舒适性不足等问题直接影响了公共交通与其他交通方式的竞争力和对公众出行的吸引力。同时公共交通线网覆盖不均衡,影响了公共交通服务的普遍性。部分城市公共交通企业存在重经济指标、轻服务质量,人员素质不高、服务意识不强、安全投入不足,信息化水平较低等问题,制约了公共交通服务水平的提升。

(3)公共交通基础设施建设仍显滞后。目前我国城市公共交通基础设施建设仍显滞后,历史欠账严重,许多城市在公共交通站点、场站、枢纽等设施建设以及车辆装备的配置更新方面得不到政府资金和政策的支持。部分城市在市区原有的公共交通换乘站、停车场、保养场等公共交通设施用地,由于土地增值而被政府收回用于其他开发项目,公共交通用地被蚕食、挤占的现象普遍。由于缺乏公共交通场站等必要的基础设施,全国主要中心城市公共汽(电)车进场率普遍不足60%,许多公共汽(电)车只能在路边停靠、在城市街道上掉头,不利于运营组织,同时带来很大的安全隐患,对城市交通运行造成较大影响,制约了城市公共交通的正常运营和健康发展。

(4)公共交通优先发展的配套政策及保障措施落实不到位。不少城市尚未建立公共交通优先发展的扶持政策和协调机制,公共交通发展缺乏稳定的资金投入渠道,资金投入总体不足。大中城市对公共交通企业新建公共交通设施的财政补贴率一般不足10%。城市公共交通场站、枢纽等基础设施建设,车辆配置更新,信息化及安全保障系统建设等均缺少资金支持。同时,我国城市普遍缺乏科学规范的政府补贴补偿机制和财税扶持政策,财政补贴不能及时到位,公共交通企业经营困难,职工工资偏低,劳动强度过大,职工队伍不稳定,行业的可持续发展能力受到较大影响。

(5)城乡客运发展不协调。长期以来,由于我国城乡二元化结构的存在,导致城市公共交通与道路客运班线一直处于二元管理状态。城市公共交通和客运班线发展规划不统一,税费政策不统一,城乡道路、场站、运力等资源难以共享和优化配置,经营成本和票价差距较大,城市公共交通和班线客运经营矛盾突出。城乡客运体系互不兼容,阻碍了城乡衔接、方便快捷的一体化客运网络建设,导致城乡客运服务不均等,农村和郊区居民进城难、出行不方便的问题突出,对统筹城乡协调发展造成较大障碍。

第三节 国内外城市公共交通管理经验及启示

国内外许多城市在公共交通发展方面采取了许多卓有成效的政策措施,有力地促进了城市公共交通的健康、快速发展,积累了丰富经验。综合分析国内外城市公共交通发展实践,主要管理经验及启示体现在以下方面。

1. 属性定位

城市公共交通的属性定位是制定公共交通发展政策的基本出发点,关系到行业管理的基本思路,决定了政府对公共交通发展的资金投入、票制票价、运营管理等方面的基本政策导向。城市公共交通是广大人民群众的基本出行需求,与基本医疗、义务教育等一样,是政府重要的社会责任,是政府应当向社会提供的基本公共服务,与城市经济运行和社会发展密不可分,具有很强的社会公益性。以前,我国部分城市由于对公共交通的属性定位不明确,将公共交通线路作为市场资源进行经营,通过拍卖、转让等有偿手段选择公共交通线路经营者,偏离了城市公共交通的公益性定位,导致恶性竞争和有限公共资源利用不合理,影响了公共交通基本服务功能的发挥,造成一定社会影响。近年来政府不得不通过回购、资产置换等形式进行整合和改造,走了很大弯路。进一步明确和坚持城市公共交通的社会公益性定位是贯彻落实党中央、国务院关于民生问题重大决策的具体体现,是统一行业思想认识,改善城市公共交通发展环境,加快推进城市公共交通优先发展战略的必要条件。北京市通过2006年的公共交通行业改革,确定了"两定、四优先"的发展思路,有力地促进了城市公共交通的健康快速发展。北京市关于优先发展公共交通的意见如专栏2-3所示。

> **专栏 2-3：北京市关于优先发展公共交通的意见**
>
> 北京市于 2006 年出台了《关于优先发展公共交通的意见》，确定了"两定、四优先"的发展思路。"两定"即确定发展公共交通在城市发展中的重要战略地位，确定公共交通的社会公益性定位；"四优先"即公共交通设施用地优先、投资安排优先、路权分配优先、财税扶持优先。之后，北京市将公共交通发展补贴纳入公共财政预算支出，为公共交通发展提供了有力保障。

2. 政府作用

许多发达国家城市都通过立法将发展公共交通作为政府的重要职责予以明确，规定政府在公共交通线路经营权配置、设施建设、服务监管、安全应急等方面承担主要责任，逐步建立起规范的政府购买公共交通服务制度，确保城市公共交通服务质量不断提升。目前，我国各级政府及城市公共交通行业管理机构对国家提出的公共交通优先发展战略的认识基本趋同，但是从各地落实情况来看，效果还不理想，核心问题是政府在公共交通优先发展中的主体责任没有充分发挥，公共交通发展资金、税费、补贴、用地等方面的配套政策措施落实不到位，公共交通企业经营压力大，可持续发展能力不足，服务质量难以保证。为此，必须以贯彻落实公共交通优先发展战略为核心，进一步明确各级政府及城市公共交通行业管理机构在城市公共交通发展中的责任和义务，加大政府关注和投入力度，从公共交通发展的规划编制、财政保障、税费扶持、服务监管、考核评价等方面制订完善的政策措施，充分发挥政府在公共交通发展中的主体作用，为公共交通优先发展战略的实施营造良好氛围，提供基础保障。

3. 运营管理

城市公共交通是直接关系公共利益和公共安全的社会公益性行业，其经营者应当具有向所有社会公众提供快捷、安全、经济和普遍公共服务的能力，因此不宜实行过度开放的市场化经营机制。另外在我国公共交通票价受到政府严格管制的条件下,城市公共交通运营企业的盈利空间往往十分有限,实行市场化经营的基础条件并不完备。过去一段时间,国内一些城市对城市公共交通进行充分市场化的改革,将城市公共交通线路授予多家企业进行经营,有的甚至将同一条线路授予不同的运营企业,许多城市出现几十家甚至上百家的经营主体,造成"热线抢着跑,冷线无人问"的尴尬局面,导致恶性竞争和公共资源的浪费,同时给公共交通线网优化、行业监管和服务质量管理带来严重影响,背离了城市公共交通向社会提供基本公共服务的初衷。

4. 城市发展模式

在经历了私人机动化交通高速发展导致的城市交通拥堵等问题之后,许多发达国家城市越来越重视城市公共交通的发展,逐步探索确定了以城市公共交通为主导的城市发展模式(TOD)。通过科学编制和实施公共交通规划,建立了以公共交通为主体的城市交通体系,充分发挥城市公共交通对城市发展的引领和带动作用,实现了城市公共交通与土地开发的良性互动。通过一体化规划和综合开发建设,积极构建以轨道交通、快速公交等大容量交通方式为骨干,以公共汽(电)车为主体的立体交通网络,加快综合运输枢纽建设,实现城市交通与城际交通的便捷换乘,为公众提供快捷、安全、方便、舒适的公共交通服务,大大提高了城市公共交通系统的吸引力和竞争力,降低了小汽车的出行需求和使用频率,提高了城市交通的运行效率。

城市交通系统,特别是大运量的公共交通系统对城市土地开发具有重要的引导和支撑作用,切实落实以公共交通为导向的城市发展政策,并实现城市公共交通与土地利用的协调与整合,是缓解城市交通压力、促进城市可持续发展的根本途径。与之相反,鼓励或放任小汽车等个体化机动交通工具的过度使用,往往会促使城市土地利用呈现低密度、蔓延式扩张发展,导致城市发展呈现"摊大饼"式的发展态势,并使城市陷入"车多了修路、路多了车多"的恶性循环怪圈,带来城市交通拥堵、环境污染等诸多问题。因此,我国城市在发展过程中必须坚持以公共交通为导向的城市发展模式,通过科学规划和同步建设,扭转城市公共交通被动适应土地开发的局面,实现以公共交通引领城市发展,促进公共交通网络与城市土地开发建设相互适应、协调发展,从根本上降低城市交通压力。

5. 公共交通服务

许多国际城市都通过加快基础设施建设,实行路权和信号优先策略,加快车辆装备改造,加大信息技术应用等措施,不断提高公共交通服务质量,以增强公共交通系统的吸引力,让更多的人享受高质量、人性化的公共交通服务。通过优化城市公共交通线网结构,不断提高公共交通的通达深度和覆盖面;通过建设功能完备的公共交通综合换乘枢纽,方便群众换乘;通过提高公共交通车辆技术装备水平,加快车辆改造升级,鼓励节能环保、智能化、人性化的车辆装备,改善车辆的安全性和乘车环境;通过完善城市公共交通无障碍设施,保障老人、残疾人等特殊群体的公共交通出行需求。

6. 管理体制和法规体系

实现城市公共交通的法制化也是国际城市的共同经验。许多国家和地区均建立了完善的交通管理法律、法规体系。通过立法,明确了各级政府、企业及有关机构在提供公共交通服务方面的责任和义务,以及城市公共交通发展资金投入来源和投入结构。立法保障了公共交通发展在规划建设、税费扶持、路权和信号优先、运营管理等方面的重大政策能落实到位,有力地促进了城市公共交通发展的制度化和规范化。另一方面,发达国家城市普遍建立了综合的城市交通管理体制,对城市公共交通实行一体化的综合管理,通过充分整合城市交通管理资源、完善协调机制,实现城市交通管理综合化、规划决策科学化、职责分工明确化、管理职能法制化和执法监督的高效化,提高了城市交通的管理效率和服务质量,同时,也使市场配置资源的基础性作用得到充分发挥,政府行政行为相对规范和高效。

7. 交通需求管理

许多国际城市在优先发展城市公共交通的同时,十分注意通过有效的交通需求管理措施,合理调节公众的出行行为,引导私家车的合理使用。长期以来,国际城市探索实施了许多成效显著的交通需求管理措施,包括控制交通拥堵区域内小汽车停车位的供应数量,提高城市中心区域小汽车停车费和使用费,征收小汽车车位费、牌照费、燃油附加费和道路使用费等,对抑制私家车的购买和使用,降低公众对小汽车的依赖起到了重要作用,也为城市公共交通发展创造了良好环境。一些城市还规定将小汽车管理收费获得的收入专项用于城市公共交通发展,取得了一举多得的效果。

第三章 我国城市公共交通发展趋势

第一节 面临的形势与需求

十一届全国人大四次会议通过的《国民经济和社会发展第十二个五年规划纲要》指出："我国发展仍处于可以大有作为的重要战略机遇期。"当前及今后一段时期,我国经济社会快速发展,经济结构加速调整,对外开放日益扩大,城乡、区域一体化进程迅速推进,城镇化和机动化进程逐步加快,将是我国城市交通加快发展和迅速转型的关键时期,也是加快落实"公共交通优先发展"战略,提升公共交通发展水平,促进城市经济社会可持续发展的重要机遇期,城市公共交通发展面临着许多新的机遇和挑战。

1. 国家更加重视

2009年10月,胡锦涛总书记在考察北京交通工作时指出,要解决城市交通问题,必须充分发挥公共交通的重要作用,为广大群众提供快捷、安全、方便、舒适的公共交通服务,使广大群众愿意乘公交、更多乘公交。2009年以来,温家宝总理也先后多次对城市公共交通发展做出专门批示。十一届全国人大四次会议通过的《国民经济和社会发展第十二个五年规划纲要》在构建综合交通运输体系一章中将"优先发展公共交通"作为单独一节予以强调。提出:"实施公共交通优先发展战略,大力发展城市公共交通系统,提高公共交通出行分担比率。科学制定城市轨道交通技术路线,规范建设标准,有序推进轻轨、地铁、有轨电车等城市轨道交通网络建设。积极发展地面快速公交系统,提高线网密度和站点覆盖率。合理引导私人机动车出行,倡导非机动方式出行。优化换乘中心功能和布局,提高出行效率。统筹城乡公共交通一体化发展。"这是城市公共交通优先发展战略首次被纳入国民经济和社会发展规划。党中央、国务院对城市公共交通这一民生工程的高度重视,为促进城市公共交通优先发展注入了强大动力。

2. 服务经济社会快速发展

当前,我国正处于全面建设小康社会、加快经济发展方式转变的重点时期,城市交通需求旺盛。一方面,城镇化进程稳步推进,城市公共交通需求总量持续增长。国家已将推进城镇化发展作为促进城乡协调发展和拉动内需增长的战略举措,确保城镇化率持续快速增长,这必将带动大规模人员、物资交流。近年来,我国城镇化率以每年约1%的速度增长,每年有1000多万人口从农村转入城市,城市人口的持续增长必将给城市公共交通带来巨大的需求压力。另一方面,国民经济的持续快速发展导致居民出行需求在"量"和"质"方面同步提升,安全可靠、经济高效、便捷舒适乃至个性化的出行需求不断增加,城市交通需求将保持持续快速增长态势。根据有关预测,到2015年,我国城市公共交通出行总量将达每年1100多亿人次。为应对经济社会快速发展的需要,必须坚持以人为本,加快推进城市公共交通优先发展,不断提高服务能力、服务质量和服务效率,同时要加快结构调整,实现城市公共交通"量的扩张和质的提升",为人民群众提供高效率、多样化、高品质的公共交通服务。

3. 改善民生

党的十七届五中全会提出:"坚持把保障和改善民生作为加快转变经济发展方式的根本出发点和落脚点。逐步完善符合国情、比较完善、覆盖城乡、可持续的基本公共服务体系,推进基本公共服务均等化。"2011年2月,胡锦涛总书记再次强调:"社会管理要搞好,必须加快推进以保障和改善民生为重点的社会建设。"与经济社会结构调整相适应,"民生优先、民富为本"将成为新的战略着力点,也日益成为政府执政的核心目标。随着各级政府对民生问题的日益关注,城市公共交通发展迎来难得的发展机遇。城市公共交通作为与人民群众的生产生活息息相关的重大民生工程,也逐步受到各级政府和部门领导的高度重视。国内许多省、市政府纷纷制定出台公共交通优先发展的法律法规和政府文件,实施城市公共交通优先发展的专项行动计划,从行业立法、资金投入、用地保障、交通管理等多方面加大了对城市公共交通发展的支持力度,为促进城市公共交通优先发展创造了良好环境,提供了有力支撑。

4. 缓解城市交通拥堵

随着我国城镇化、机动化进程的快速发展,居民出行需求持续增长,城市交通拥堵不断加剧,拥堵时段不断延长,拥堵路段不断增加,并快速由大中城市向中小城市蔓延,严重影响了人民群众的生活质量和城市经济社会发展,成为大中城市特别是特大城市和大城市普遍面临的一个突出问题和社会各界广泛关注的热点。另一方面,近年来交通运输产生的环境污染和能源消耗问题也越来越受到社会的广泛关注,我国大城市机动车污染物排放量占空气污染物总量达60%。同时我国城市交通发展受土地、能源等因素的制约越来越明显。目前全国人均耕地不足933.24平方米(1.4亩),仅为世界平均水平的40%;我国交通系统油耗占全国油耗总量约1/3,日益增长的交通能源消耗进一步加剧了我国的能源紧缺问题,影响到国家的能源安全。

如何在能源、环境、土地、资金等诸多制约条件下实现城市交通系统的可持续发展,是我国政府面临的一个严峻挑战。为此,必须加快推进城市公共交通优先发展战略,不断提高公共交通的竞争力和吸引力,减少公众对小汽车的依赖,降低城市交通压力,缓解日益严重的交通拥堵和资源环境压力。同时要转变城市公共交通发展方式,不断提高公共交通行业的节能环保水平。

5. 构建现代综合运输体系

构建现代综合运输体系,加强各种运输方式的衔接和协调,加快建设综合运输网络,是交通运输发展的客观规律和新时期我国交通运输发展的显著特征。目前,党中央、国务院已经将发展现代综合运输体系作为"十二五"期间的一项重大战略任务。城市公共交通是城市交通系统的核心,是现代综合运输体系的重要组成部分。城市公共交通的服务水平直接决定着城市交通系统的效率,进而对国家的综合运输体系功能产生重要影响。现代综合运输体系的加快发展,要求城市公共交通在强调自身发展的同时,必须加强与其他运输方式的协调。要不断完善网络布局,加快综合枢纽和换乘枢纽建设,加强信息资源整合,实现公共汽(电)车、轨道交通等公共交通系统内部的便捷换乘,以及城市公共交通与铁路、公路、水路、民航等对外交通方式的有效衔接,充分发挥各种运输方式的比较优势,提高综合运输体系的服务质量和运营效率。

6. 统筹城乡协调发展

为解决城乡二元结构这一制约我国全面建设小康社会的重大障碍,党中央把统筹城乡发展、解决"三农"问题上升为国家战略。《国民经济和社会发展第十二个五年规划》强调:"统筹城乡发展,积极稳妥推进城镇化,加快推进社会主义新农村建设,促进区域良性互动、协调发展。"同时强调:"加快发展各项社会事业,推进基本公共服务均等化。"目前我国各级政府正在强化以工促农、以城带乡,着力破除城乡二元结构,加快形成城乡经济社会一体化发展的新格局。随着城镇化进程的加快,城乡界限越来越模糊,城乡居民对统筹城乡协调发展、推进公共服务均等化的要求越来越迫切,要求城市公共交通必须发挥统筹城乡协调发展的纽带作用,加快理顺体制机制,着力解决统筹城乡客运协调发展中存在的突出问题,加快完善资源共享、相互衔接、布局合理、方便快捷的城乡客运服务网络,提高城市公共交通覆盖面,推进城乡客运一体化。

第二节　发展思路及重点

1. 我国城市公共交通发展思路

未来一段时期,我国城市公共交通发展的总体思路是:以科学发展观为指导,坚持"以人为本、普遍服务"的发展理念,全面落实城市公共交通优先发展战略,加快调整城市公共交通结构,转变公共交通发展方式,建设以公共交通为主体的城市交通体系,推进以公共交通为导向的城市发展模式,提高公共交通运输能力和服务质量,让广大人民群众愿意乘公交、更多乘公交,为促进城市经济社会可持续发展提供基础支撑。

2. 我国城市公共交通发展重点

1) 城市公共交通发展的目标和系统结构

我国城市公共交通发展的总体目标是:通过五年左右的努力,加快确立公共交通在城市交通系统中的主体地位,公共交通的服务能力和服务质量明显提高,行业可持续发展能力显著增强,方便快捷、文明规范、诚信可靠、保障有力的城市公共交通系统基本建立,城乡客运一体化格局基本形成,较好地满足广大群众的基本出行需要。

鉴于我国城市人口规模、经济发展水平、居民出行特征、自然地理条件等各种因素差异较大,城市公共交通发展必须根据不同类型城市的经济社会和交通需求特征,科学选择公共交通发展模式和结构,对城市公共交通体系中各交通方式的发展进行分类指导、合理分工、差异化管理。

对于市区人口300万以上的城市:通过五年左右的努力,基本建成以轨道交通和快速公交(BRT)为骨干、以城市公共汽(电)车为主体的城市公共交通服务网络,公共交通出行分担率达到35%以上,部分城市公共交通发展达到国际先进水平。公共汽(电)车平均运行速度、公交站点覆盖率和公共交通准点率明显提高。其中,市区人口1000万以上的城市,要基本建成城市轨道交通网络,主城区公共交通出行分担率达到40%以上。对于市区人口100万~300万人口的城市:基本建成以公共汽(电)车为主体,轨道交通和快速公交(BRT)适度发展的公共交通服务网络,主城区公共交通出行分担率达到25%以上。对于100万人口以下的城市:基本建成以公共汽(电)车为主体的城市公共交通服务网络,建成区公共交通出行分担率达到15%以上。

2)城市公共交通基础设施建设

公共交通场站、枢纽等基础设施是城市公共交通系统的重要组成部分,是公共交通正常运营的基本依托。目前我国城市公共交通基础设施建设滞后的问题十分普遍,严重影响了公共交通企业的安全高效运营和公共交通服务质量的提升。为此,需要加快完善城市公共交通基础设施建设投融资模式,建立以政府投入为主、社会融资为辅的投融资体制,积极扩展建设资金来源渠道,加大公共交通枢纽、站场、公交专用道建设,建立一体化、高覆盖率、换乘便捷的基础设施系统。要重点建设综合换乘枢纽及配套服务设施、轨道交通系统、快速公交(BRT)、智能调度中心、车辆段、停车场、保养场、首末站、换乘站、乘客信息服务系统等设施,加快解决公共交通车辆停车场严重不足、大量车辆在场外停放的问题。要不断提高城市公共交通线网密度、站点覆盖率和车辆的进场率，为大众乘坐公共交通提供更多便利，也为公共交通行业发展提供保障。另外，要完善基础设施监管制度，保证公共交通基础设施使用权的稳定，对于已投入使用的公共交通基础设施，要加强监管，禁止侵占或随意改变用途。城市政府应探索联合建立大型城建项目配建公共交通设施的前期符合性审查和后期专项验收制度，对于未通过符合性审查的项目，不得批准建设；未通过专项验收的，不得批准投入使用，保障公共交通设施与项目主体工程同步设计、同步建设、同步竣工、同步交付使用。

3）大容量、快速城市公共交通系统建设

大容量、快速城市公共交通系统，包括轨道交通和快速公交（BRT）等，具有容量大、速度快、成本低、可靠性高、灵活性强、便捷舒适等优势。加快轨道交通和快速公交建设对于缓解我国大城市交通需求压力，引导城市功能布局具有十分重要的现实意义。

对于大型或特大城市，要科学规划建设城市轨道交通系统，以轨道交通为骨干构建城市交通走廊，引导城市土地开发和空间布局，确立以公共交通为导向的城市发展模式，逐步形成功能完善的轨道交通运输网络，改善城市居民的出行条件，增强城市发展的可持续性。要加快建立轨道交通规划、建设与运营的衔接机制。在轨道交通项目的规划、设计、建设环节，应充分考虑轨道交通运营服务和安全保障，以及与公共汽（电）车的换乘、衔接，确保换乘和安全设施同步规划、设计和建设。

对于暂不具备建设轨道交通条件的大城市、特大城市，以及由于其他条件不适合建设轨道交通的城市，要积极推进快速公交建设，以适应城市规模大、出行距离长的交通特点。通过科学编制快速公交网络规划，加强轨道交通、公共汽（电）车与快速公交网络规划的衔接，完善换乘设施，共同构筑大容量快速公共交通体系。

4）智能交通技术推广应用

城市公共交通智能化建设是新时期国际城市公共交通发展的热点领域，城市公共交通智能化是当前国际城市公共交通发展的显著特征，智能交通技术在提高公共交通运营效率、改善公共交通服务质量、保障公共交通运行安全和应急水平等方面正发挥着越来越重要的作用。城市公共交通信息化建设主要应满足三方面的需求：为公众出行服务、为企业运营管理服务、为政府行业管理服务。加快城市公共交通智能化建设是转变城市公共交通发展方式、促进城市公共交通优先发展的重要途径，也是提高城市公共交通吸引力和竞争力的重要手段。与发达国家城市相比，我国城市公共交通的智能化水平总体较低，制约了公共交通服务水平的提升和行业管理效率的提高。

在公共交通智能化技术的推广应用中，信息化监管、智能化调度和公众信息化服务将是重点。目前国内许多城市，如北京、上海、南京、广州等都已初步建立统一的轨道交通智能调度系统，一些大型公共交通企业也依托 GPS 技术陆续建立了各自的智能调度系统。今后要进一步加大城市公共交通智能化建设力度，重点建设公众出行信息服务系统、车辆运营调度管理系统、安全监控系统和应急处置系统等，推广使用安全可靠、标准统一的公交 IC 卡，为运营调度、服务监管、行业管理等提供信息支撑。同时加快城市内统一的公共交通调度平台、公共交通信息化监管"省－市－企业"三级平台的建立。同时，要加强公共交通智能化系统与城市对外交通方式，如铁路、民航、公路、水路等信息资源的融合，为公众出行提供更加全面、更加实时的信息服务。

5) 城市公共交通服务质量

改善公共交通服务质量、提高公共交通服务水平是公共交通优先战略的基本出发点和落脚点。我国城市公共交通行业应牢固树立服务至上的发展理念，以提升乘客满意度为目标，不断加强服务质量管理和服务能力建设，为公众提供安全、便捷、舒适、人性化等高品质的出行服务。一是要加快公共交通车辆装备的更新和升级，推广应用节能环保、智能化、人性化、舒适性好的新型车辆装备，改善车辆的安全性、可靠性和乘车环境。二是要按照"零距离"换乘的理念，科学规划并加快建设城市综合交通换乘枢纽及其配套设施，加强信息整合，促进轨道交通、公共汽(电)车、出租汽车等城市交通方式之间以及城市交通与城际交通之间的衔接。合理布局轨道交通站点周边的公共汽(电)车接驳线路，改善换乘条件。三是加强驻车换乘系统建设，在综合交通枢纽、轨道交通、BRT 等重点公共交通场站周边配套建设功能完善的小汽车、自行车停车设施,方便换乘,并实行优惠的停车收费价格,完善各类指向标志、线路图、时刻表、换乘指南等服务设施。鼓励公众尽可能多地采用公共交通方式出行。四是要更加注重对老年人、残疾人士的人文关怀。要满足残疾人及其他特殊群体的出行需求,建设无障碍服务设施,让更多的群众享受普惠性的公共交通服务。五是要不断丰富公共交通服务形式,针对上学、就医、旅游、购物、偏远地区居民等的出行需求,发展多种形式的公共交通特色服务。

6) 城市公共交通节能环保

《国务院关于进一步加强节油节电工作的通知》(国发[2008]23号)在节油节电主要措施中,将"汽车节油措施"列为重点措施之一,其中强调"要严格执行车辆淘汰制度,鼓励清洁能源车辆使用,大力发展公共交通"。2009年财政部、科技部联合发布了《关于开展节能与新能源汽车示范推广工作试点工作的通知》(财建[2009]6号),决定开展节能与新能源汽车示范推广试点工作,鼓励试点城市率先在公共交通、出租、环卫和邮政等公共服务领域推广使用节能与新能源汽车。

城市公共交通作为城市交通系统的核心和重要的社会公益性行业,应更注重节能减排工作,为其他行业做出表率。为此,要加快车辆装备和运营调度等新技术的推广应用,严格执行车辆淘汰制度,加快老旧车辆的升级改造,提高公共交通车辆节能环保水平。要鼓励有轨电车、无轨电车、混合动力车等车辆使用。另外,要深入开展节能宣传教育,推广使用节能驾驶技术,培育节油标兵和节能降耗示范企业。

7) 城市公共交通安全保障

城市公共汽(电)车具有运营站点多、运营线路长、服务面广、载客量大、客源成分复杂等特点,加之公共汽(电)车辆大多穿梭运行于城市人流密集地段,道路交通条件较为复杂。同样,城市轨道交通点多线长、封闭运行、通道狭窄且客流量大,一旦发生运营安全事故,极易造成重大人身伤亡,社会危害极大。近年来,我国城市公共交通车辆安全事故时有发生,给人民群众的生命财产安全造成严重危害,引起社会各界和各级政府的高度关注。当前,我国城市公共交通的安全防范和应急工作面临着巨大的压力和挑战,加强城市公共交通安全管理,全面提升城市公共交通行业的安全保障水平,是必须长期予以关注的一项重要工作。

保障城市公共交通安全需要落实企业、政府和各有关部门的责任,提高乘客的安全防范意识,建立公共交通安全工作责任制,加大安全投入。要健全公共交通设施建设、运营管理、车辆性能检测等环节的安全监管制度和标准规范,对各相关主体的安全管理责任、安全工作要求、车辆状况以及应急预案的制订等问题进行明确规定,建立源头管理、动态监管和应急处置相结合的安全防控体系,从制度上提高城市公共交通的安全保障能力和应急处置水平。

8) 城乡客运一体化

在国家统筹城乡经济协调发展战略部署的引领下,城乡客运一体化的需求越来越迫切。目前,国内城市在推进城乡客运一体化发展方面,主要形成以下几种典型模式:一是全辖区基本实现城乡客运一体化运营管理的模式。即城市公共交通相对发达,公共交通服务基本上覆盖全部行政辖区,例如北京、上海、深圳等城市。二是城市公共交通与班线客运并存的模式。即城市公共交通线路延伸至郊区农村,服务范围不断扩大,但城市公共交通与班线客运同时存在,例如西安、成都等城市。三是对郊区或农村班线客运实行完全公交化改造,例如四川双流、浙江绍兴等城市。四是对部分班线客运实现公交化改造,城市公共交通与班线客运并存,例如江苏溧阳等城市。

推进城乡客运一体化发展是一项系统工程,要求各级政府及交通运输部门从体制改革、发展规划、设施建设、运营管理等多方面采取综合措施予以推进。一是按照国家大部门体制改革精神,加快理顺城市公共交通管理体制,统筹城乡客运资源,建立"一城一交"的综合管理体制。二是统筹规划城乡公共交通运输网络和场站设施,不断优化交通运输布局,进一步完善由城际快速客运、城市公共交通、农村客运和旅游客运等组成的多层次客运服务体系。三是加强城乡公共客运统筹管理,加快消除政策障碍,理顺城乡客运票制票价,以公共交通为导向,实行同线路同政策。要参照城市公共交通的运营模式、服务标准、扶持政策,对城市郊区和农村客运实行公交化改造,扩大城市公共交通线网通达深度和覆盖面,让更多群众享受普惠性的公共交通服务。

9) 城市公共交通企业管理

城市公共交通企业是提供公共交通服务和保障公共交通安全的责任主体,加快提升公共交通企业运营管理水平是落实公共交通优先发展战略的重要内容。第一,要加快建立新型政企关系。城市公共交通行业管理机构应不断创新管理思路,完善企业运营管理制度,扩大企业经营自主权,营造支持企业发展的宽松制度环境,支持企业不断加强内部管理,提升运营管理水平。第二,要鼓励和督促公共交通企业加快建立健全以"产权清晰、权责明确、政企分开、管理科学"为核心的现代企业制度,提高管理效率,确保公共交通企业公益性服务和广大员工的合法权益,推动企业健康、持续发展。第三,加快完善法人治理结构。在进一步强化"老三会"(即党委会、职工代表大会、工会)建设的基础上,逐步建立起由"新三会"(即股东大会、董事会、监事会)及经营管理层构成的相互依赖、相互制衡的治理结构,并通过对各业务链条的梳理和分析,构建现代企业管理的组织架构,加快企业内部的会计控制体系建设、完善内部审计和监督、健全信息公开机制等,促进企业实现真正意义上的公共交通规范化、制度化运营。第四,加强企业战略管理。依据企业发展过程中外部环境和自身条件现状及其变化,科学制订和调整企业发展战略,当前,应重点加强城市公共交通智能化、节能环保等方面的战略规划。第五,加强企业社会责任体系建设。加快体现公共交通行业特性和企业自身特点的社会责任理念体系建设,制定完善员工职业道德规范、员工行为准则、礼仪服务规范及社会责任等制度,并加强员工的培训和教育,通过将制度的"刚性管理"和文化的"柔性管理"紧密结合,促进企业形成制度化、规范化的管理模式。

第三节 保障措施

1. 法规保障

法规体系不健全是制约我国城市公共交通健康发展的重大障碍。我国城市公共交通发展迫切需要加快立法进程,通过建立以国家法律或行政法规为龙头,以配套规章为基础,以地方性法规、规章为补充的法规体系,为城市公共交通规划、建设、运营、管理、安全、应急和政策扶持等提供法制保障。

根据国家法律或行政法规,各地应因地制宜地研究制定地方公共交通管理条例、管理办法和实施细则等,将优先发展公共交通纳入规范化、法制化轨道。

此外,要进一步完善城市公共交通技术标准和规范体系。建立健全公共交通发展规划、设施建设、车辆配备与更新、服务监管、票制票价、补贴补偿等方面的标准、规范体系,将优先发展公共交通纳入法制化、规范化轨道。同时要研究制定贯彻落实城市公共交通优先发展战略的政策措施,争取地方政府支持,在财政政策、城市规划、用地保障、设施建设、交通管理等方面建立完善配套制度,支持城市公共交通优先发展。

2. 体制保障

科学、高效的管理体制和运行机制是实现城市交通可持续发展的重要保障,是提高交通系统总体运行效率,构建现代综合运输体系的基础条件。目前,虽然通过新一轮的政府机构改革,各地逐步将城市客运管理职能交由交通运输部门负责,初步实现了城乡客运统筹管理,但是与城市客运相关的一些重要职能,如城市客运基础设施建设,城市公共交通专用道和公共交通优先信号设置,城市交通监控设施的规划、建设等,仍然分散在建设、市政、公安及其他各相关部门,职能交叉、职责不清的问题仍然比较突出,还不能充分适应城乡客运一体化发展和综合运输体系建设的需求。迫切需要按照精简、统一、效能的原则,进一步推进综合交通管理体制改革。

为此,要进一步加大对城市交通管理体制改革的指导和协调力度,利用地方政府机构改革的机会,加快大部门管理体制改革进程,进一步理顺城市公共交通管理体制。通过改革,强化政府交通运输主管部门在宏观决策、公共服务、市场监管、综合协调等方面的职能,推进"政令畅通、运转协调、执行顺畅、监督有力"的城市交通管理体制。在每个城市整合成立一个综合的交通行政管理机构,全面履行城市交通、城乡交通、城际交通等各方面的综合管理职能,建立真正意义上的"一城一交"综合管理模式,为推动城市公共交通优先战略的落实,加快现代综合运输体系建设,推进城乡公共服务均等化提供体制保障。我国深圳、成都等城市在推进大交通管理体制改革方面进行了积极探索,取得了较好的效果。深圳、成都等典型城市交通管理体制改革情况见专栏3-1、图3-1和图3-2。

> **专栏 3-1：典型城市交通行政管理体制改革实践**
>
> 深圳市：2009 年，深圳市实施了新一轮政府机构改革，在原深圳市交通局的基础上成立了深圳市交通运输委员会（全市 7 大委员会之一），统一负责市政道路（公路）的规划设计、建设、管养、执法及交通运输管理工作，在全国率先建立了真正意义上的"一城一交"大交通管理体制。主要职责范围包括：负责全市公共交通、轨道交通、道路交通、道路（含城市道路与公路）、港口、水运、空港、物流及地方事权的航空、铁路的行业管理；统一负责城市交通规划、建设、管养职责。同时，按照综合统筹、运输管理、规划建设三个板块的职能定位，明确交委在城市交通方面负责预测总需求、制定总政策、提出总方案、提供总供给，实现总需求和总供给的动态平衡，保障城市交通畅通。深圳是全国唯一将城市道路畅通职能写入三定方案的城市，这方面的职能主要包括：一方面负责道路、桥梁、隧道、公用场站、枢纽、航道、人行天桥以及交通标牌、标志、标线、护栏等交通设施的管理和养护监管，以及新建、改建道路上的交通信号灯、诱导屏等监控设施的统一设置；另一方面建立并实施交通影响评估制度，组织开展交通需求管理汇总、发布城市交通信息，分析、评估城市交通状况，制定和组织实施城市交通的组织、管理和改善方案。
>
> 成都市：2006 年 1 月，成都市撤销主管城乡公路运输的市交通局和主管市内公交系统的市政公用局，成立了统筹城乡运输管理的成都市交通委员会，实现了对全市交通运输的统筹协调管理。

3. 规划保障

规划是城市公共交通发展的先导。科学编制和实施城市公共交通规划是政府落实公共交通优先发展战略、对城市公共交通市场实施宏观调控、保证多种交通运输方式协调发展的基本手段和重要载体，对于调整城市用地结构，完善城市功能布局，缓解城市交通拥堵，促进城市健康发展具有十分

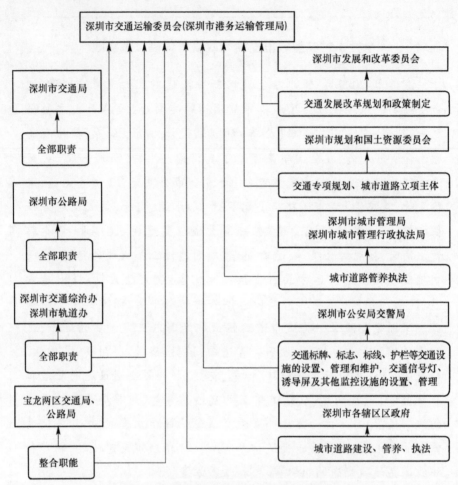

图 3-1 深圳市交通运输委员会的机构改革示意图

重要的作用。目前,我国许多城市没有编制公共交通发展规划,有的虽然编制了规划,但是没有协调好与城市总体规划和控制性详细规划的关系,导致公共交通规划确定的设施建设、线网布局等在城市总体规划和控制性详细规划中未能体现,在城市土地开发和基础设施建设中无法落实。另外,由于缺乏对规划实施过程的监管制度,规划落实不到位,造成公共交通设施用地不足、设施建设滞后,成为城市公共交通发展的主要"短板"。为此,迫切需要加强城市公共交通发展规划的编制和实施等工作。

要通过科学编制和严格实施公共交通规划,落实公共交通优先发展战略,推进以公共交通为导向的城市发展模式。一是加快编制城市公共交通

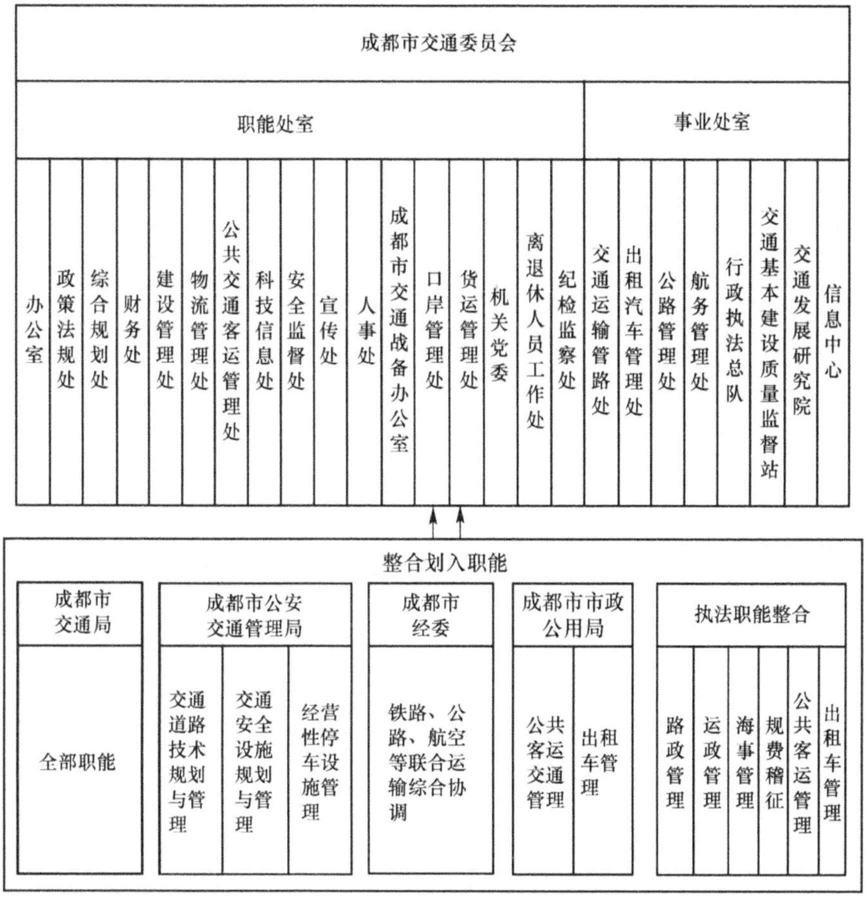

图 3-2 成都市交通行政管理体制改革示意图

发展规划,科学确定公共交通基础设施和公共交通线网布局方案,将其纳入城市综合交通体系规划和城市总体规划,并同步编制、修编和实施。二是城市公共交通行政管理机构要在当地政府的领导下,积极配合有关部门,充分考虑城市公共交通发展的需要,做好城市土地利用总体规划、城市综合交通体系规划、城市控制性详细规划中有关城市公共交通有关内容的编制工作。三是要做好城市公共交通相关规划的落实工作。争取政府和有关部门的支持,将城市公共交通基础设施和重点项目纳入国民经济和社会发展规划,防止随意变更规划。督促落实城市公共交通整体规划确定的停车场、保养场、首末站、调度中心、换乘枢纽等设施用地,符合《用地划拨目录》的,应保证以划拨的方式供给,并严格监管,禁止侵占、挪用或转让。

4. 资金保障

为加快解决我国城市公共交通资金投入渠道不稳定、投入总量不足的问题,借鉴国际经验并结合我国实际,需要加快建立以城市人民政府财政投入为主,中央和省级财政支持引导的城市公共交通财政保障制度,为城市公共交通发展提供稳定的资金来源,争取将城市公共交通投入作为改善民生工程支出,纳入公共财政保障范围。一是争取中央财政设立专项资金,作为引导性资金用于城市公共交通发展,通过实施专项示范工程,对于公共交通基础设施建设、企业技术改造、节能环保以及信息化建设等方面的投入,给予相应的资金支持,充分调动地方政府发展公共交通的积极性(目前中央财政对城市公共交通的燃油资金补助情况见专栏3-2)。二是省级人民政府也应建立城市公共交通发展专项资金,纳入本级财政预算,对辖区内各城市的公共交通发展给予支持。三是城市人民政府要明确本级财政公共交通专项资金投入,并作为申请国家和省级引导资金的依据,可从城镇公用事业附加费、市政公用设施配套费、城市建设维护税、土地出让金、房地产开发配套费等收入中提取适当比例,建立城市公共交通发展专项资金。城市经营性停车收费、过路过桥费等规费收入也应安排一定比例用于公共交通发展。

5. 补贴补偿及税费扶持

针对目前我国城市公共交通政府补贴制度不健全导致的补贴范围不清晰、补贴资金不稳定、核算机制不规范等问题,迫切需要建立规范的政府补贴补偿制度、科学的票制票价制度和优惠的税费扶持政策,将公共交通补贴资金纳入公共财政预算,为公共交通行业发展提供有力保障。一是完善政府补贴补偿制度,建立适用于城市公共交通的财务会计和成本核算制度,合理界定补贴补偿范围,为补贴补偿提供科学合理的依据。二是对城市公共交通企业在相关税费(如营业税、车船税等)以及公共交通企业融资授信等方面,采取适当优惠政策,同时进一步规范公共交通车辆的燃油补助政策,加大对城市公共交通企业的支持,降低企业经营负担。三是要按照基于成本定价的原则,建立健全科学的公共交通定价、调价机制,提高公共交通企业的可持续发展能力。

> **专栏 3-2：中央财政对城市公共交通的燃油资金补助情况**
>
> 2004年，国家决定对城乡道路客运（城市公共交通、出租车、农村客运等）实施成品油价格补助制度。2009年12月，交通运输部与财政部联合印发了《城乡道路客运成品油价格补助专项资金管理暂行办法》（财建[2009]1008号），对补贴标准、数据申报、补贴方法等问题进行了明确规定，建立了包括城市公共交通在内的城乡道路客运燃油补贴制度。城乡道路客运成品油价格补助工作正式进入了制度化、常态化、规范化的管理轨道。2009年全国城乡道路客运油价补助资金共239.2亿元，同比增长9.1%，其中对城市公共交通补助118.5亿元。成品油价格专项补助资金的发放，有力地缓解了各地城市公共交通经营者的资金压力，调动了广大经营者的积极性。与此同时，交通运输部正逐步研究实施城市公共交通相关的专项示范工程，对各地公共交通发展的设施建设等方面给予引导性支持，必将进一步调动地方政府发展城市公共交通的积极性。中央财政支持力度不断增强，为城市公共交通发展提供了强大动力。

6. 考评制度保障

建立公共交通发展的考核评价制度是提高各级政府和有关部门对公共交通优先发展的认识、提高公共交通服务水平、推进公共交通优先发展战略落实的重要手段和有效途径。加强对城市公共交通服务的考核评价是行业管理的重要职责，对于保障城市公共交通服务和安全十分重要。我国目前在各级政府层面普遍缺乏有效的公共交通服务考评制度，一定程度上影响了公共交通优先发展战略的落实。

要探索建立针对城市政府和公共交通企业两个层面的公共交通服务水平考核评价制度，同时完善乘客投诉受理制度，形成公众参与、企业自律、政府考评三位一体的监管考评体系。第一，城市公共交通作为政府应当提供的基本公共服务和重要民生工程，是城市政府的重要职责，要充分发挥城市政府的主体作用。中央和省级政府应该建立针对城市人民政府公共交通发展水平的考评制度,组织开展相应的考核评价工作,将公共交通发展水平纳入城市政府的绩效考核内容。第二,各城市政府要建立针对城市公共交通企业的服务考评制度,将考核结果作为企业领导绩效考核、发放政府补贴、线路资源配置等的重要依据。第三,要进一步健全乘客和公众参与途径,畅通投诉渠道,完善行业监管制度,充分保障乘客权益,督促城市公共交通行业管理机构和运营企业不断加强管理,改进服务水平。

7. 需求管理保障

缓解城市交通拥堵,实现城市交通可持续发展是一个复杂的系统工程。解决城市交通拥堵问题,要坚持综合治理、疏堵结合,要通过优先发展公共交通与合理引导小汽车的使用两方面采取综合措施。城市公共交通作为集约化的公共运输方式,与小汽车等私人交通工具相比,在缓解是交通拥堵方面具有明显优势。在机动化进程快速发展的形势下,我国城市应提前采取措施,加强交通科学管理,更多地运用经济手段,配合法规和行政手段,有效调控、合理引导个体机动化交通需求。要探索实施征收城市拥堵费与污染排放费、加强科学的停车管理等措施,降低公众出行对小汽车的依赖。另一方面,要加强公共交通和绿色出行的宣传和引导,推进行业精神文明建设,提高交通运行效率。

8. 人力资源保障

城市公共交通企业职工,包括驾驶员、调度员等是城市公共交通服务的直接提供者,直接决定着城市公共交通系统的安全保障能力和服务水平。提高公共交通行业的人员素质和技术水平对于促进城市交通健康发展具有重要作用。一方面,要加快健全公共交通企业职工权益保障制度。城市公共交通行业管理机构应争取城市人民政府制定出台公共交通职工收入的管理规定,建立公共交通企业职工工资与其产生的社会效益相联系、与劳动力市场价格相适应的稳定增长机制,规范驾驶员、乘务员的作息时间和职工的劳动报酬,维护职工合法权益,确保队伍稳定。另一方面,要提高从业人员素质。按照专业化管理的要求,加强城市公共交通行业的人力资源管理和公务员队伍建设,创新人才选拔机制。加大对从业人员的培训、考核等工作力度,实行岗前培训、持证上岗、优胜劣汰的用人机制,不断提高城市公共交通从业人员素质。

9. 科技保障

城市公共交通发展水平的提升离不开先进科技的支撑。要加快城市公共交通行业科技进步,加快新技术、新方法在城市公共交通领域的推广应用,不断提高行业科技含量和服务水平。一是加强技术储备和前瞻性研究。开展城市公共交通关键技术的研究公关,组织开展重大科技专项研究,支持开展对城市公共交通规划、运营、管理、安全应急、信息服务等领域新技术、新方法、新能源、新材料的科技研发和推广应用工作。二是城市公共交通企业应加大科技投入力度。要将企业经营收入的一定比例专项用于科研投入,加大城市公共交通智能化建设力度,提高公共交通运营服务、安全监控和应急处置的智能化水平。三是加快新技术的推广应用。积极推进现代信息通信技术、物联网技术、卫星定位技术等在城市公共交通领域的应用,切实发挥科技创新对优先发展城市公共交通的支撑作用,不断改进公共交通服务水平。

第二篇 行业篇
Hangyepian

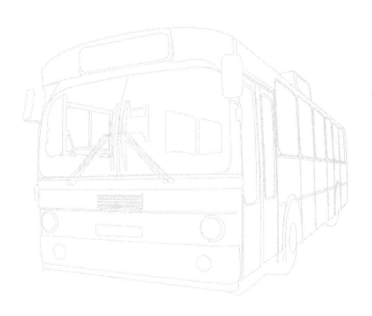

概　　述

　　城市公共交通是城市重要的公共服务和社会公益性事业,我国城市公共交通正处于加快发展的关键时期,如何真正将国家提出的公共交通优先发展战略落到实处,不断提升城市公共交通服务水平,缓解日益严重的交通拥堵和保护资源环境是各级政府面临的新的压力和挑战。本书行业篇重点从加强和改善行业管理的角度,围绕贯彻落实公共交通优先发展战略的总体思路,针对制约我国城市公共交通发展的突出问题,着重对城市公共交通发展规划、基础设施建设、运营管理、服务评价、运营安全与应急、票制票价与补贴等行业管理的核心问题进行了深入探讨和理论分析,并列举了我国城市公共交通发展中涌现出的典型案例,以期为各级政府城市公共交通行业管理机构加强城市公共交通行业管理、制定相关政策法规提供决策支持。

第四章 城市公共交通规划

城市公共交通规划是根据城市社会经济发展、用地布局和道路网布局等,并参考其他相关规划,确定不同类型公共交通方式的适用条件、功能定位、服务对象和服务水平,统筹安排各层次、各类型城市公共交通方式在城市空间的布局和合理衔接。城市公共交通规划是保障城市公共交通科学发展的重要前提,城市公共交通规划对于优化城市公共交通系统结构与功能、提高城市公共交通系统效率、促进城市土地利用与交通的协调发展、整合城市功能、提升城市品位和整体形象具有重要意义,城市公共交通规划的重要性将随着城市扩建扩张和城市化率提高而更加明显。

第一节 内涵与定位

1. 内涵

20 世纪 80 年代,随着我国城市综合交通规划理论和方法雏形逐步形成,城市公共交通规划的理论与方法也逐步受到各界的关注和研究,公共交通规划理论和方法正在逐步完善,综合参考各种文献,对城市公共交通规划内涵和主要特征阐述如下。

1) 定义

编制城市公共交通规划是一项基础性的工作,其最终目的是建立便捷、完整、均衡、协调统一的公共交通系统。广义的城市公共交通规划包括确定公共交通系统目标与设计及达到该目标的策略,并考虑城市公共客运交通系统与城市综合交通、土地利用及整个城市发展的关系。狭义的城市公共交通规划是指城市交通规划中的公共交通专项规划,按照公共交通系统组成来看,狭义的公共交通专项规划又可以细分为常规公共交通线网规划、轨道交通线网规划、快速公共交通系统线网规划、地面公共交通场站规划等。

2) 层次

从规划时间跨度来看,城市公共交通规划可以分为战略规划、远期规划和近期规划。战略规划主要目的是深入分析各种不同的城市交通发展模式并推荐最适宜的发展模式。战略规划中需要较多地考虑土地使用与交通模式之间的协调关系,考虑未来 20 年或更远时期规划方案的社会、经济与环境效应。远期规划一般研究 10～15 年内的公共交通系统是采用新系统还是改进现有系统,确定系统内部结构,进行较完整的方案设计(包括线网、枢纽与场站的布局及车辆发展等)。近期规划:主要研究 3～10 年内对现有系统的调整和优化,找出问题,分析原因并提出相应的措施。

3) 目标

城市公共交通系统规划的目标包括:解决目前城市公共交通发展存在的问题、满足不同阶段城市发展对城市公共交通的需要、指导建设可持续的城市公共交通系统。规划的目标与规划的期限是紧密相连的,城市公共交通近期规划、远期规划和战略规划对应不同的研究范围、规划内容和规划程式,也就对应不同的规划目标。

4) 发展趋势

从国内外城市规划发展历程来看,多规合一已经成为显著趋势,也就是说城市公共交通规划要与城市总体规划、城市综合交通规划同步开展、协同发展,而不是从总体规划到城市综合交通规划,再到城市公共交通规划的自上而下的规划模式。考虑到我国正处于城市系统－城市交通系统－城市公共交通系统的快速发展时期,围绕城市公共交通建设"公交都市"已经成为城市系统可持续发展的重要途径之一,虽然城市公共交通规划是城市总体规划和城市综合交通规划的下位规划,但是其越来越成为主导城市总体规划和城市综合交通规划的内容。

2. 功能定位

我国现行的城市规划编制体系大致分为三个层次:①城镇体系规划——全国、省(自治区、直辖市)、跨行政区域、市域、县域五个类型;②城市总体规划——总体规划纲要、总体规划;分区规划;专项规划;③详细规划——控制性、修建性详细规划。对于城市公共交通规划而言,只有城市总体规划和详细规划与之关系最为密切,而城镇体系规划与之相关性较小。

1)城市总体规划

城市规划是对城市未来的一种安排和谋划,具有较强的综合性、政策性与前瞻性,是城市建设与发展的"龙头"。城市规划是对一定时期内城市的经济和社会发展、土地利用、空间布局以及各项建设的综合部署、具体安排和实施管理。城市规划按照运作次序分为规划编制与规划实施。根据《中华人民共和国城乡规划法》,城市总体规划、镇总体规划的内容应当包括:城市、镇的发展布局,功能分区,用地布局,综合交通体系,禁止、限制和适宜建设的地域范围,各类专项规划等。城市总体规划包含城市综合交通规划和城市公共交通规划。

2)控制性详细规划

控制性详细规划是依据城市总体规划划定的交通分区及相关的控制引导要求,在贯彻总体规划的前提下,按照公共交通优先的原则,细化、深化相关指标,应进一步落实至具体地块的控制指标中。控制性详细规划确定规划范围内不同性质用地的界限、各类用地内适建和不适建或者有条件允许建设的建筑类型、建筑高度、建筑密度、容积率和绿地率等控制指标。规划主管部门在组织编制控制性详细规划时,应当与城市公共交通规划相衔接,并优先保障城市公共交通设施用地。在控制性详细规划中,对公共交通走廊、枢纽及周边布局等需要特别明确公共交通基础设施的配置标准和配置要求,划定公共交通设施的用地界线。

3)城市公共交通规划

城市综合交通规划主要确定城市综合交通发展战略、主要交通方式和设施的布局规模、不同交通系统之间的衔接原则,支撑城市科学、可持续发展,实现城市交通与土地、经济的协调,构建高效、通达、安全的交通发展环境,体现交通系统促进和引导城市发展,协调长远发展和近期建设之间的关系,并在资源约束条件下,突出建设集约化城市和节约型社会的指导思想。

城市公共交通规划的基本内容主要有城市公共交通系统构成和客运系统总体布局框架,统筹规划公共交通系统设施安排和网络布局,具体包括以下内容。

（1）确定城市轨道交通网络和车辆基地的布局原则及控制要求。

（2）确定快速公交（BRT）网络，提出线位控制原则及控制要求，以及停车场、保养场规划布局和用地规模控制标准。

（3）确定公共汽（电）车停车场、保养场规划布局和用地控制规模标准，提出首末站规划布局原则。

（4）确定公交专用道设置原则和技术要求，规划公交专用道网络布局方案，提出港湾式公共交通站点的设置原则和规划建议。

城市公共交通规划作为城市规划和城市综合交通规划的重要组成部分，不仅是解决交通拥堵、能源浪费、环境污染等交通问题的一种行之有效的手段，而且可以引导城市的健康发展，尤其对新城的健康发展更为重要。城市公共交通规划应该与土地利用规划、城市规划等同时同步进行，在明确城市发展方向、用地规模与用地布局的基础上，科学安排城市重大交通基础设施布局，使交通网络与城市相关功能相吻合，从而对缓解城市交通问题起到积极作用。

城市总体规划、详细规划和其他相关规划（例如土地利用规划等），是城市公共交通规划编制的依据，为了保障城市公共交通优先的适应性，城市总体规划提出城市发展控制及引导要求时，应围绕公共交通优先发展统筹城市空间发展，并指导下层次规划的编制，建立以公共交通为导向的城市开发模式，以城市发展目标为导向的城市交通发展战略，以发展公共交通与城市土地使用协调为核心，辅以交通需求管理，同时优化城市道路建设。具体关系见图4-1。

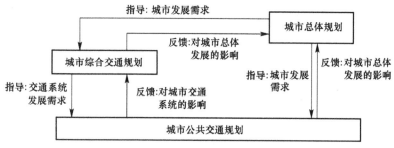

图4-1 城市总体规划、城市综合交通规划和公共交通规划之间的关系

城市公共交通各相关规划之间又是相互协调、互为支撑的关系,应作为一个整体来研究和运作,城市公共交通规划对城市总体规划、城市综合交通规划等上位规划方案适时提出反馈和修正,并建立有效的反馈机制,各层次的公共交通规划应与相应层次的城市总体规划、城市综合交通规划同步编制。

第二节　城市公共交通规划编制体系

1. 编制原则

(1)坚持以人为本,可持续发展的理念;
(2)倡导优先发展公共交通,满足可持续发展的要求;
(3)强调城市交通模式和土地利用布局相互协调;
(4)突出城乡客运一体化;
(5)体现前瞻性、科学性和针对性、可操作性;
(6)协调与城市总体发展规划的关系。

2. 编制内容

完整的城市公共交通规划包括规划总论、发展现状与交通调查分析、城市公共交通发展趋势分析、城市公共交通规划方案制订、方案评价和实施五个方面,其中后四个方面是公共交通规划的主体内容。

1) 规划总论

规划总论一般包括规划背景、规划依据、规划范围、规划年限、指导思想与原则、规划目标与规划内容、规划技术路线等。

2) 调研分析

对规划对象区域的公共交通现状、需求特性及其相关联设施、公共交通流量等进行调查,是制订科学合理的交通规划的基本前提和极其重要的环节。调研分析包括基础资料调研和公共交通调查。

(1)城市公共交通系统调查的基础资料包括社会经济和土地利用基础资料。

(2)公共交通调查主要包括城市居民出行 OD 调查、城市流动人口出行

OD调查、城市公共交通现状调查、城市机动车出行OD调查、城市道路流量调查、道路交通设施调查等。

3）发展现状分析与评价

公共交通发展现状分析应包括以下几个方面：公共交通运营分析、公共交通系统服务水平、公共交通线网及线路分析、主要交通枢纽情况分析、公共交通设施分析、公共交通企业运营分析和交通安全与环境分析等。

4）发展战略与政策

根据城市社会经济发展和城市发展目标，分析城市公共交通系统发展方向，预测城市公共交通系统发展趋势与需求，优化选择城市公共交通发展模式，确定交通发展与土地使用的关系，制订公共交通系统发展目标及预期的交通方式结构，提出交通发展战略和政策。

5）发展需求分析

公共交通发展需求分析包括社会经济需求预测分析、道路交通需求预测分析、公共交通需求预测分析。

6）规划内容

城市公共交通规划主要包括城市公共交通方式的构成比例和规模、公共交通线网布局规划、公共交通枢纽场站及配套设施规划、公共交通车辆及配套设施规划、城乡客运一体化规划、信息化规划和公共交通发展政策保障体系等。各项子规划之间相互衔接和影响，形成一个有机的规划体系（图4-2）。

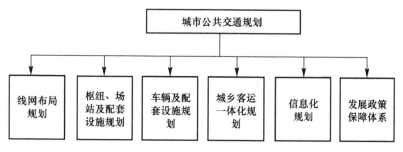

图4-2 城市公共交通规划主要内容

7）运营管理

城市公共交通运营管理分为线网布设和运能运营管理、车辆调度运营管理、车辆运行运营管理、技术运营管理、服务运营管理、票务运营管理。

8) 规划保障系统

主要从政策、组织机构、管理、资金、技术等方面提出保障措施。

3. 编制流程

1) 前期准备

(1) 研究确定编制城市公共交通规划的依据和规划组织系统；

(2) 拟定规划编制的技术路线和工作大纲；

(3) 提出规划的重点研究内容；

(4) 制订规划工作计划。

2) 现状调研与分析

(1) 通过多种方式收集城市经济社会发展的现状和规划资料；

(2) 走访相关部门，听取规划设想和建议；

(3) 根据规划需要，开展相应的交通调查，并进行分析；

(4) 分析城市发展中存在的主要交通问题，尤其是与公共交通相关的问题；

(5) 对影响城市公共交通发展的重大技术和政策问题进行研究，一般应包括公共交通发展趋势、城市公共交通发展战略与政策、重大交通基础设施布局、公共交通系统组织等；

(6) 论证城市公共交通系统发展的趋势和需求；

(7) 提出城市公共交通系统发展战略、确定城市公共交通系统总体发展目标和规划目标。

3) 规划成果编制

(1) 与城市总体规划和综合交通规划成果阶段用地布局相结合，确定城市交通设施布局方案，应包括城市公共交通线路、公共交通场站和首末站、交通换乘枢纽等内容；

(2) 提出对城市公共交通规划的指导意见和要求；

(3) 提出城市公共交通规划建设的策略与建议。

城市公共交通规划流程如图 4-3 所示。

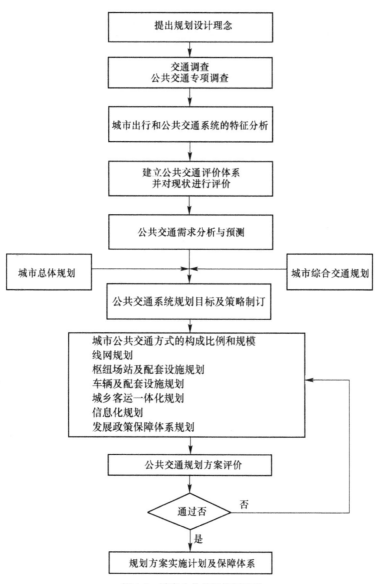

图 4-3 城市公共交通规划流程

4. 编制管理

1）技术审查

城市公共交通系统规划编制完成后，需要进行技术审查。规划成果在技术审查前，应当采取多种形式征求专家、社会公众和相关部门意见。

2) 规划修编

城市公共交通规划修改与城市总体规划和城市综合交通规划中内容相冲突的,需向原技术审查机关提出修改报告,经同意后进行修改。修改后,应经原技术审查机关审查同意。

3) 程序审批

经技术审查后的城市公共交通系统规划成果,应按照城市总体规划规定的程序审批。

第三节 城市公共交通规划编制方法

城市公共交通规划中各专项子规划的规划原则、方法和内容均有不同,其中公共交通线网规划和枢纽、场站规划是最基本的三项专项规划。

1. 线网规划方法

1) 城市公共交通线网规划的影响因素

影响城市公共交通规划的因素是多方面的,一般情况下,在进行城市公共交通线网规划时应主要考虑以下几个方面的因素。

(1) 城市客运交通需求。城市客运交通需求,包括数量、分布和出行路径的选择,是影响公共交通线网规划的首要因素。在一定的服务水平要求下,客运需求量大的区域,要求布置的公共交通线网客运能力较大。理想的公共交通线网布局应满足大多数交通需求的要求,具有服务范围广、非直线系数小、出行时间短、直达率高(换乘率低)、可达性高(步行距离短)等特点。

(2) 道路条件。对于常规公共交通线网来说,道路网是公共交通网络的基础,但并非所有的道路都适合公共交通车辆行驶,要考虑道路几何线型、路面条件和容量限制因素。若道路条件较差,如转弯半径过小、坡度陡长、路宽不足时,就不适合公共交通车辆行驶。可以将所有适合于公共交通车辆行驶的道路定义为公共交通线网规划的"基础道路网"。当"基础道路网"中有较大空白区时,应对道路网络规划提出反馈意见,以保证"基础道路网"能满足公共交通网络布设的要求。

(3) 场站条件。首末站可以作为公共交通线网规划的约束条件,也可在线路优化后,根据路线配置的车辆确定首末站及其规模;一般的公共交通车站可以在线路确定后,根据最优站距和车站长度的限制等情况确定。

(4) 车辆条件。影响线网规划的车辆条件包括车辆物理特性(车长、宽、高、重等)、操作性能(车速、加速能力、转弯半径等)、载客指标(座位数、站位数、额定载客量等)和车辆数。考虑其中物理特性和操作性能与道路条件的协调,可以确定公共交通线网规划的"基础道路网"。

由车辆总数、车辆的载客能力和路线的配车数可决定路线总数。车辆总数可作为线网规划的限制条件,也可先规划线网,根据线路配置车辆,得到所需的总车辆数,再考虑数量的限制。

(5) 效率因素。效率因素指公共交通线网单位投入(如每公里,每班次等)获得的服务效益,反应线路效益的指标有:每月行驶数、每车公里载客人数、每车公里收入、运营成本效益比等。它不仅反映线路的运营状况,还反映路线经过地区的客运需求量和线路的服务吸引能力,因而在规划中,应特别考虑线路/线网效益因素。

(6) 政策因素。城市公共交通系统与交通管理政策(如车辆管制与优先、服务水平管理、票价管理等)、社会公平保障政策(如照顾边远地带居民出行)、土地发展政策(如通过开辟公共交通线路诱导出行,促进沿途地带的发展)有关。

2) 城市公共交通线网规划的一般方法

(1) 现状调查。主要包括城市人口出行次数、出行方式等情况调查;还应进行城市居民出行起讫点 OD 调查、城市流动人口出行 OD 调查等工作。此外,还必须了解城市的总体发展规划及城市的综合交通规划。

(2) 公共交通客运 OD 分布预测的主要内容如下:

① 出行发生和吸引量预测。一般采用以家庭为基本单元的出行生成预测方法进行出行生成率的预测,进而预测各交通小区的出行生成量。

得到现状出行生成后,根据城市总体规划以及人口的发展趋势,得到规划年的小区出行发生和吸引量。

② 交通出行的分布预测。根据居民出行现状的 OD 矩阵及规划年各交通小区的出行产生和吸引量,通过一定的数学方法,得到规划年的 OD 分布。

在交通分布预测方法的选择上,比较有代表性的有福莱特法和双约束重力模型法。福莱特法是增长率法中的一种双约束增长系数法,该方法的主要特点是增长系数由小区的相对吸引力调整得到,并作为参数应用到交通分布模型中。双约束重力模型法是根据牛顿万有引力的原理研究区域间分布交通量的方法,是一种同时引进行约束系数和列约束系数的双约束引力模型。

③居民选择公共交通方式的出行量预测。进行公共交通方式的出行量即交通出行分担预测的交通方式选择模型可以分为两类:一类是以统计学为基础的集计方法,是将交通分区中的个人或家庭的调查数据进行统计处理,标定方式选择模型中的参数;另一类是以概率论为基础的非集计方法,是将个体的原始资料不加任何处理直接用来构造模型。

综合交通调查得到的居民现状出行方式选择,确定未来年居民出行方式的选择,由此得到公共交通客运 OD 分布。

(3) 公共交通线网规划布局方案的优化。

根据城市公共交通需求 OD 矩阵,综合考虑各种影响因素,结合解优法和证优法两种模式,使用逐条布设,优化成网的方法进行。首先,进行各个线网片区内部的公共交通线网布局,重点放在主体片区;然后,进行各个线网片区之间的衔接线路规划,重点研究各个片区与主体片区的联系;最后,进行综合平衡、调整优化,形成整个城市的公共交通线网布局规划方案。

规划采用"逐层布设、逐步成网"的布设方法,将公共交通线网划分为三个层次:骨架线路、基本线路和补充线路,逐层逐步地完成线网的布设。

①骨架线路。实现跨区域客流空间上快速、集中转移的公共交通线路,沟通城市大型对外客运枢纽,是土地集中利用的功能区之间的衔接纽带,是城市各级组团间及组团内部的主要客流走廊,在公共交通线网体系中起支架作用。骨架线路亦被称为公共交通快线。

②基本线路。对骨架线路的补充和完善,以满足城市各组团或各组团区域内部分乘客中短程距离出行的交通需求,并承担与轨道交通、骨架线路、公路、铁路及客运港口等枢纽点的衔接换乘,应依据骨架线路和换乘枢纽布局设置。

③补充线路。填补空白或公共交通稀疏区域为主,满足城市边缘组团的出行交通需求。线路主要通过抽疏中心区重叠线路产生,或根据客流需求在公共交通空白区新开线路。补充线路对解决城区边缘组团居民乘车难问题将起到较大作用。

3) 快速公共汽车交通系统规划方法

首先通过客流分析,识别城市客流走廊,即确定BRT主干线;其次,根据BRT的功能定位和发展目标,制订BRT线网规划方案,其中包括:基于城市客流走廊的分析,兼顾网络结构的完整性,确定BRT骨干线网方案;基于次级区域性客流走廊的分析,从网络功能层次的完整性出发,确定BRT补充线网方案。最后,以BRT网络的总体发展规模为约束,进一步分析改进规划方案,进而提出BRT线网推荐方案。BRT规划流程见图4-4。

为了保证BRT线网规划能够适合城市发展,需要采取以下四条规划实施策略:一是与客流发展趋势相适应,为保证BRT系统的社会效益,先期实施方案应尽可能与现状和近期客流分布形态相适应。二是先发展后提高,城市新区发展迅速,公共交通发展相对滞后,急需公共交通的覆盖与服务,应优先考虑;而高度发展的旧城区公共交通网络相对较为完善,可根据实施条件进行考虑。三是先易后难,可根据工程实施难度的顺序,由易至难逐步推广,利用改造投资少见效快的方案,在基本不影响市民正常出行的情况下,尽快提升BRT系统在市民中的认知度。四是先示范后推广,市民认可BRT是推广实施的前提,BRT系统的实施应本着谨慎的原则,通过选取具有鲜明特征的线路(如途经商业中心、城市地标类建筑、观光景区以及典型公共交通主干线等)先期实施,得到市民认可后再进行推广。

4) 轨道交通线网规划方法

城市轨道交通是同城市发展关系最为密切的交通方式之一,在优化城市空间结构、促进城市空间形态合理化、支撑和引导城市发展等方面具有强大的功效,由于轨道交通具有运输量大、准时、不可逆、建设与维护成本高以及建设周期长等特征,其规划方法与其他公共交通方式有所不同。

规划原则。一是线网规划要与城市发展规划紧密结合,并适当留有发展余地。二是满足城市主干客流的交通需求。三是规划线路要尽量沿城市

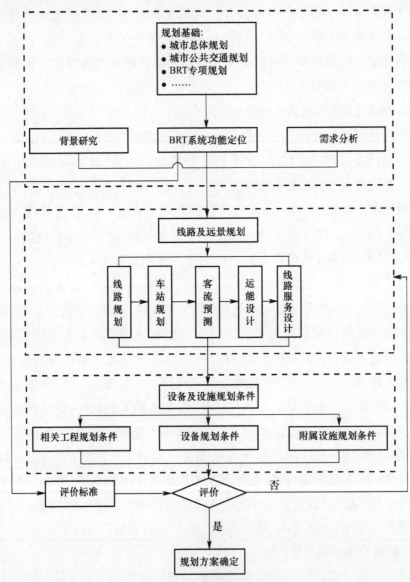

图 4-4　BRT 规划流程图

干道布设。四是线网中的线路布置要使线网密度适当、换乘方便、换乘次数少。五是城市常规公共交通网与轨道线网要衔接配合好,充分发挥各自的优势。六是线网中各条规划线路上的客运负荷量要尽量均匀。七是轨道线路要选择较好的地形、地质条件,并注意历史文物保护。八是规划线路时要考虑车辆段、停车场的位置和连接两线路之间的联络线。九是规划线路应涉及城市开发区及新的规划区域。上述规划原则不分城市发展阶段和规划侧重点,是轨道规划的一般性原则。

规划流程。首先,对城市结构与土地利用、城市客流需求的空间分布特点以及线路工程实施可行性进行定性与定量分析,在此基础上形成多个备选方案。其次,对备选方案进行初步的客流分析,计算线网评价相关指标,然后通过综合评价,提出推荐的线网规划方案。推荐的线网方案确定后,可重新进行推荐方案的客流预测,进一步对线网进行综合评价,通过评价可对线网规划方案进行微调和完善。最后,根据预测结果进行系统选型,确定敷设方式,进行车场及联络线等相关的规划等。城市轨道交通规划流程见图4-5。

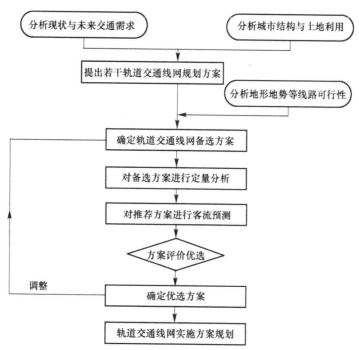

图4-5 轨道交通线网规划总体流程

5) 城市公交专用道规划方法

公交专用道规划总体目标是保障公共交通对道路资源的专用或优先使用,提高公共交通系统的竞争力和吸引力。具体包括以下两方面:一是通过建立完善的公交专用道系统,保障公共交通对道路资源的专用或优先使用，使公共交通运行速度得以提高，从而使公共交通系统的竞争力和吸引力明显提高。二是促进道路资源合理利用，提高道路设施运输效率。通过设置公交专用道，对道路资源进行合理分配，使道路客流运送能力提高。

(1) 公交专用道设置一般条件如下：

客流需求。一般认为，道路上公共交通客运需求量大于 5000 人次/单向高峰小时，或断面公共交通车辆通过量大于 120 辆/小时，已形成"公交走廊"的城市干道，可考虑设置公交专用道。

道路条件。一般准则是，以主次干道为主，车行道总宽在 22 米以上，比较适合布设公交专用道。当道路条件不满足，可考虑设置公交专用路或者高峰时段公交专用道的可能。

道路交通拥挤程度。对于道路交通较为拥挤，对公共交通运行产生明显影响，车辆行驶速度较低的道路，应考虑设置公交专用道，以保障公共交通的优先通行权。

公交专用道的布设应当重点考虑两方面因素：一是形成常规公共交通与其他方式，尤其是轨道、BRT、公路客运站和铁路客运站之间的快速连接通道。二是实现公交专用道的网络化，发挥网络综合效率。

(2) 公交专用道布设。从布设的位置来看，公交专用道可以布置在道路两侧，也可以布设在道路中央，前者可以有效减少出行距离，后者可以有效减少干扰，提高专用道的客流运送能力。从设置颜色来看，可以采用彩色公交专用道，也可以设置双黄线作为分割，前者强调公共交通车辆对于该车道享有专用权，既可警示占用公交专用道的违规行为，又能吸引公众的注意力，有利于提升公交专用道的系统形象，提高公共交通的吸引力；后者则方便实施，成本较低。

2. 枢纽规划方法

从组合形式来看，城市公共交通枢纽主要包括两种类型：第一种是不同城市公共交通方式之间的换乘枢纽，例如常规公共交通与轨道交通，常规公共交通不同线路；第二种是广义不同交通方式之间的换乘枢纽，例如不同公共交通方式与公路、铁路和民航之间形成的综合客运枢纽。

1）公共交通枢纽布局模式分析

国内外大城市的发展经验表明，目前城市空间的扩展有两大趋势：一是城市由同心圆环状向外扩展模式转变为沿轴向发展模式；二是城市由单中心发展模式转向多中心发展模式。从土地利用与城市交通的有效整合角度出发，公共交通枢纽网络布局模式可概括为"枢纽分级、线路分类、服务分区"。

（1）枢纽分级的主要内容如下：

根据枢纽所处的区位特征、具备的服务功能及客流特征，首先将公共交通枢纽划分为三个等级：一级枢纽、二级枢纽及三级枢纽。接下来，选择不同级别和功能的枢纽作为网络轴心，每个轴心枢纽有其各自的服务辐射范围。高等级枢纽与低等级枢纽间存在着"侍服"关系（"侍服"关系是指高等级的枢纽是低等级枢纽客流的集散地；而低等级枢纽是高等级枢纽的客流来源点）。

一级枢纽为整个网络的结构性重要枢纽，具有统领各级枢纽发展的核心作用，处于线网中枢地位，其服务影响范围覆盖整个市域。

二级枢纽是一级枢纽的接驳枢纽，主要服务于城市地区级客流发生吸引源，起到连接卫星城、城市新开发区与市区的作用。

三级枢纽是一级、二级公共交通枢纽的客流来源点，主要提供某一区域客流的集散与中转换乘服务，以进一步扩展公共交通系统的服务覆盖范围。

（2）与线路分类的配合。不同级别的公共交通枢纽连接不同类别公共交通线路的对应关系，如表4-1所示。

公共交通线路分类　　　　　　　　表4-1

衔接方式	一级枢纽	二级枢纽	三级枢纽	发生点/吸引点
一级枢纽	骨架线路	基本线路	补充线路	补充线路
二级枢纽	基本线路	基本线路	补充线路	补充线路
三级枢纽	补充线路	补充线路	补充线路	补充线路

（3）服务分区。与不同等级的枢纽相对应，对于特定的城市而言，可依据地理与行政区划将研究区域分为三个等级：一级服务子区、二级服务子区和三级服务子区。各等级服务子区的划分数目与该等级的枢纽数量相一致，每个级别的子区域中只允许设置一个与该级别相对应的枢纽。

2) 枢纽选址布局理论方法

主要的枢纽选址理论为中枢网络结构理论。中枢网络结构理论实质上是管理者宏观行为引导出行者的出行路径选择问题，博弈论等基础理论已被应用于中枢网络枢纽位置的研究。

中枢网络枢纽区位布局模型可分为两种类型：①单一配置枢纽模型，即每个节点只能与一个枢纽连接；②多重配置枢纽模型，即每个节点可与一个以上的枢纽连接。多重配置枢纽模型虽然增加了网络中的链路数量，但是减少了个体运输时间，降低了网络成本。

目前枢纽布局选址的方法主要有三种：简单的数学解析法、运筹学模型以及交通配流法。按照以上方法计算出来的结果是数学上枢纽最优点的位置。在实际的枢纽布局规划时，只能以上述计算结果为依据，结合实际的地形、地貌以及用地进行调整，最终确定枢纽的布局。

3) 城市公共交通枢纽客流特征分析

枢纽的客流主要分为三种类型：城际客流、枢纽周边直接影响地区送达客流和市内换乘客流。

城市公共交通枢纽客流预测思路：公共交通枢纽客流分析与预测时，应以枢纽的总体功能定位为指导，综合考虑枢纽周边的土地开发模式与地块功能，并将枢纽周边的道路交通等外部交通环境作为约束条件，利用容量限制法等进行交通需求预测。

4) 规划方案的确定

根据枢纽布局规划影响因素的综合分析，对理论结果进行必要调整，提出具体规划方案。

5) 对多个方案进行评价比较，选出最优方案

布局规划方案的最后形成一般由枢纽及场站布设数量、规模和选址两部分组成，这两部分动态影响，整个方案的确定是不断反馈、调整的过程。

下面以轨道交通枢纽规划为例，说明枢纽规划的方法与流程。城市轨道交通枢纽规划内容包括动态规划和静态规划。动态规划是指人流和车流规划，是运营组织的主题。静态规划是指地面道路、场站和建筑物等的规划，是运营配套的基础设施。轨道枢纽规划方案设计要充分考虑枢纽的"换

乘、停车、集散、引导"四大功能。轨道枢纽规划程序见图 4-6。

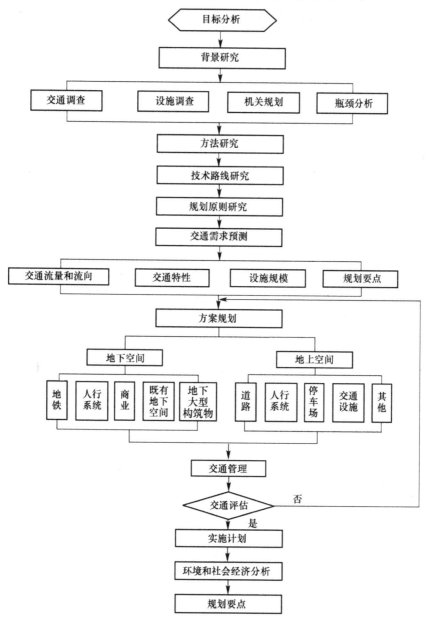

图 4-6 城市轨道交通枢纽场站规划与设计流程

3. 场站规划方法

城市公共交通场站包含各种公共交通方式的场站,具有供车辆停放、换乘等功能,主要包括停车保养场、换乘枢纽站、公共交通首末站和中途停靠站内容,应结合城市规划合理布局,满足城市公共交通系统运行高效、有序、经济合理的要求。

公共交通场站规划的主要任务是根据公共交通运营生产的特点和居民出行的便利性要求确定公共交通各种场站的位置及用地规模。公共交通场站位置一般结合城市规划用地实际情况、人口发展规模与分布情况,以站点覆盖率、服务半径、公共交通换乘系数、站间距等指标进行选取。公共交通场站用地规模一般按所服务线路的运营车辆数并结合有关标准来确定。

1) 公共交通场站用地需求分析

公共交通场站用地需求分析就是从总量上控制公共交通场站用地需求。在进行需求分析之前必须进行公共交通客流需求预测。公共交通场站主要是用来进行公共交通运营组织、调度和客流集散的。所以,公共交通车辆是公共交通场站用地的需求者,公共交通场站的用地必须首先满足公共交通车辆的发展需求。

确定公共交通场站用地规模的核心工作就是未来年公共交通配车规模的预测。其具体过程如下:

(1) 公共交通配车规模预测。

①计算车辆生产率。公共交通车辆的生产率高低将直接决定所需公共交通车辆数目的多少,其值取决于公共交通车辆的核定载客量、满载率、平均运行速度和车辆运营时间。

②计算日乘客周转量。公共交通车辆的配置是为了满足居民公共交通出行的需求,所以要进行公共交通配车规模预测必须掌握居民公共交通出行的客流量。

③计算理论配车辆。根据计算得到的日乘客周转量和车辆生产率来计算理论配车数目。

④计算实际配车辆。为保证公共交通车辆的日常保养、应急使用,实际配车数量往往要高于理论配车数。此处计算得到的实际配车数,均为标准公共交通车辆。

⑤公共交通配车规模校核。对计算得到的理论配车数目应该进行校核

和检验,以保证公共交通运行的可行性。

(2)公共交通场站用地分析。

公共交通场站用地必须要满足公共交通车辆的夜间停放、保养维修、公共交通运行与调度。公共交通场站因为功能不同,每标准公共交通车辆对各类场站的用地需求也不相同,进行公共交通场站用地规模需求分析时,要根据相关规范确定每辆标准公共交通车辆对场站的用地需求。

2)公共汽车首末和中途站点规划

公共汽车的首末及中途站点的位置、间距、设计和管理对公共交通系统作用的发挥有很大影响。站间距是影响车辆运营速度和调度计划的重要因素。

(1)公共汽车首末站规划。

公共汽车首末站的主要功能是为线路上的公共交通车辆在开始和结束运营、等候调度以及下班后提供合理的停放场地的必要场所。它既是公共交通站点的一部分,也可以兼具车辆停放和小规模保养的用途。对首末站的规划主要包括首末站的位置选择、规模的确定以及出入口道路的设置等内容,规划时应遵循以下原则:

①公共交通首末站的设置应与城市道路网的建设及发展相协调,宜选择在紧靠客流集散点和道路客流主要方向的同侧。

②公共交通首末站的选址宜靠近人口比较集中、客流集散量较大而且周围留有一定空地的位置,如居住区、火车站、码头、公园、文化体育中心等,使大部分乘客处在以该站点为中心的服务半径范围内(通常为350米),最大距离不超过700~800米。

③首末站的规模应按所服务的公共交通线路所配运营车辆的总数来确定。一般配车总数(折算为标准车)大于50辆的为大型站点;26~50辆的为中型站点;小于26辆的为小型站点。

④公共交通首末站是车辆掉头之处,要有可供回车的地方,并应设在城市道路之外的用地上。与公共交通首末站相连的出入口应设置在道路使用面积较为富余、服务水平良好的道路上,尽量避免接近平面交叉口,必要时出入口可设置信号控制,以减少对周边道路交通的干扰。

⑤公共交通首末站的设置不要经常变动,若城市用地扩张,首末站用地仍可保留,并将老线路延伸或增设新线以扩大服务面。

(2) 公共汽车中途站点规划。

公共交通车辆的中途站点规划在公共交通车辆的首末站及线路走向确定以后进行,规划的原则为：

①中途站点应设置在公共交通线路沿途所经过的各主要客流集散点上。

②中途站点应沿街布置,站址宜选在能按要求完成车辆的停和行的两项任务的地方。

③交叉口附近设置中途站点时,一般设在过交叉口 50 米以外处,在大城市车辆较多的主干道上,宜设在 100 米以外处。

④中途站点的站距受到乘客出行需求、公共交通车辆的运营管理、道路系统、交叉口间距和安全等多种因素的影响,应合理选择,平均站距在 500~600 米之间,市中心区站距宜选择下限值,城市边缘地区和郊区的站距宜选择上限值；百万人口以上的特大城市,站距可大于上限值。

中途站点布局规划方法,主要对公共交通中途站距、站址以及停靠站布设线路优化进行分析：

①站距。较长的车站间距可提高公共交通车辆的平均运营速率,并减少乘客因停车造成的不适,但乘客从出行起点(终点)到上(下)车站的步行距离增大,并给换乘出行带来不便；站间距缩短则反之。最优站间距规划的目标是使所有乘客的"门到门"出行时间最小。

②站址。中途站点主要解决两个问题,一是能停,以便乘客上下车；二是能通,以便车辆载客通过。因此,站址选择的核心问题是站点的通行能力。

③停靠站布设线路数的优化。目前很多城市中公共交通车辆进出站秩序混乱、排队严重,影响了公共交通系统资源的利用,其中主要的原因是站台布设的线路过多,超过了站台线路数上限,通过优化公共交通站台、优化公共交通线网、优化公共交通到达方式可改变这种情况。

3) 公共交通停车场规划

(1) 规划原则。

公共交通车场主要包括停车场、保养场和修理厂，一般占地规模都比较大。停车场是为线路运营车辆下班后提供合理停放空间的必要设施，并按规定对车辆进行低级保养和重点小修作业，是公共交通车场中用地需求最大的。

保养场主要承担车辆的高级保养和检修任务及相应的配件加工、材料和燃料的储存、分发等工作，是用来保证公共交通车辆高效、安全运行的。公共交通车辆保养场和停车场站的布局规划，主要涉及合理规模的确定和场址的正确选择，确定其合理规模的主要原则如下：

①在近期内，车辆保养工作量与保养维修能力基本平衡。

②高级保养作业要相对集中，低级保养作业要相对分散，以便能提高保养装备的水平和综合维修能力，又便于及时、就地进行车辆的日程维护和检查，同时还可以节省一次性投资和经营费用。正确选址的原则，需在车辆行驶里程最小的前提下，综合考虑以下条件：根据城市建设总体规划，公共交通线网规划及保养场、停车场的规模，在市区中间地带提供多个可供选择的场地，以便择优；场址应远离居民生活区，避免公共汽车噪声、尾气污染对居民的直接影响；场址要避开城市主要干线和铁路线，避免与繁忙交通线交叉，以保证车辆保养场、停车场出入口的顺畅；被选地段最好有两条以上的城市道路与其相通，保证在道路阻塞或其他意外事件发生的条件下，能使公共交通车辆进出公共交通场站、完成紧急疏散；被选地块的用地面积要为其后续发展留有余地，同时又不至于形成对附近街区未来发展的影响。

（2）车场选址方法。

①重心法选址模型，即用重力模型进行车场选址，是将公共交通系统的交通小区看成是分布在某一平面范围内的物体系统，各小区的出行吸引量和发生量看成是物体的质量，假设公共交通网络的重心为公共交通枢纽的最佳设置点，以该假设地点作为枢纽地址初始值，通过迭代法，利用确定物体重心的方法来确定公共交通枢纽的位置。

②客流决定法选址模型，基于模型构建，主要考虑两方面的枢纽选址影响因素：公共交通客流；用地及周围环境条件。公共交通客流是影响公共交通枢纽选址和规模的最主要因素，另外，公共交通枢纽的布局规划要求占用

一定的城市空间,并且与之相连的道路其交通条件和服务水平较好。

(3)公共交通车场规模确定模型。

在确定公共交通车场的选址之后,对其用地规模进行分析。

①公共交通停车场用地规模:公共交通停车场主要是为公共交通车辆提供夜间停车服务。其规模为公共交通停车场服务线路运营车辆数、停放在公共交通停车场中的比例、每标准公共交通车辆对停车场的用地需求与用地规模修正系数的乘积。

②公共交通保养场用地规模主要取决于公共交通车辆的保养率。其规模为公共交通保养场车辆数、公共交通车辆保养率、每标准公共交通车辆对保养场的用地需求与用地规模修正系数的乘积。

③公共交通维修厂用地规模主要取决于公共交通车辆平均故障率。其规模为公共交通维修厂车辆数、公共交通车辆平均故障率、每标准公共交通车辆对维修厂的用地需求与用地规模修正系数的乘积。

第四节　城市公共交通规划评价

城市公共交通规划对城市土地利用、发展格局及城市化进程起着重要的作用,因而城市公共交通规划的评价至关重要。

城市公共交通规划评价是就公共交通系统本身的好坏作出评估,包括设施水平评价和效益水平评价两部分内容。设施水平评价是从规划的公共交通系统提供服务的能力(包括公共交通线路、枢纽场站、车辆及其配套设施等)来检验规划好坏;效益水平评价是从规划的公共交通系统的社会影响和其自身运营生产所获得的经济效益两个角度来检验规划的好坏。结合这两部分的评价,对规划方案进行反馈,最终达到以最少的投入来获得公共交通规划最大效益的目的。

建立科学、合理、客观的评价指标体系是判定"最优满意"方案的必要条件。

城市公共交通规划的评价指标内容见图4-7。

(1)公共交通线网评价以线网密度和线网覆盖率来体现。

(2)公共交通线路评价主要包括三个指标:线路的非直线系数、线路长度和线路重复系数。

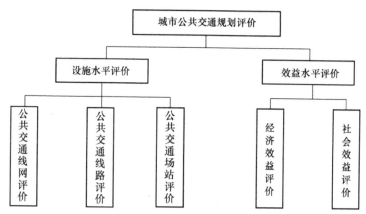

图 4-7 城市公共交通规划方案评价内容

（3）公共交通场站评价的主要指标为站点覆盖率。

（4）经济效益评价的主要指标为企业运营成本的减少。

（5）社会效益评价指标主要从乘客出行时间的节约和城市公共交通规划与城市各相关规划的协调程度两方面来体现。城市公共交通规划与城市各相关规划的协调程度可反映出公共交通规划方案对客流生成量大的各种城市用地的覆盖程度，是考核公共交通对城市土地利用适应性的指标。

建立评价指标体系后，接下来就是选择公共交通规划评价方法，目前对综合评价所采用的方法多种多样，有层次分析法、单纯矩阵法、模糊综合评判法、价值分析法等。其中应用最为广泛的是层次分析法，层次分析法的基本方法与步骤如下：①递阶层次结构的建立；②构造两两比较判断矩阵；③单一准则下元素相对权重的计算；④计算各层元素的组合权重。最终计算获取递阶层次结构中每一层次中所有元素相对于总目标的相对权重，综合评价值最高者即认为是效果最佳。此外，也可以采用区间分级评定规划效果，例如划分五个级别，之后判定评价结果落入哪个级别，最终获得公共交通规划水平。

第五节　城市公共交通规划保障

城市公共交通具有投资费用大、开发时间长，维护管理复杂等特点，因此对于城市公共交通规划的实施，政府应给予相应的支持和保障，主要包括政策保障、法律保障、体制保障及决策支持保障等。

1. 政策保障

政府应给予城市公共交通规划一定的政策支持和保障。行政政策虽然不具有法律效力,但具有强力的调控及引导作用,主要包括财税收支政策、人才引入政策、土地利用政策、环境保护政策等方面,通过政策的制定,来激励或约束政府投入的强度与方向、交通人才的培养与引入、生态环境的保护与利用等方面,从而间接促进和保障城市公共交通规划的顺利实施。具体包括以下几部分。

1) 投资优先政策

对促进城市公共交通发展规划实施所需的资金,投资来源上以政府财政为主,政府给予低息贷款为辅,筹集社会资金和利用外资,在社会集资上可以通过发行股票,募捐资金,盘活企业资产,同时还应积极开辟其他低成本融资渠道。

2) 环境保护政策

在实施城市公共交通发展规划的过程中,应该兼顾环境保护,营造良好的城市生态环境,保证居民的生活及出行利益,促进城市的可持续发展,进而间接推动和保障城市交通规划的实施。

3) 协调城区土地利用与各种公共交通方式的换乘衔接

协调城市规划,调整城市用地布局,保证公共交通设施用地;根据公共交通枢纽的规划和城市交通客流的发展情况,注意新建与扩建城市客运枢纽,进一步完善城市内各种交通方式的协调性。同时,进一步完善交通影响评估制度,促进城市公共交通发展规划全面实施。

2. 法律保障

城市公共交通规划的实施应该在一整套法律法规下有序进行,因此必须制订一套市场规则以维持市场秩序。这些法律法规保障主要表现在以下两个方面。

(1) 政府应出台规划投资保障法规,在资金上保障城市公共交通规划的实施及进度。

(2) 根据城市公共交通发展规划的有关内容,对现有交通法规进行梳理、修改和完善。

3. 体制保障

高效统一的管理体制和协调机制,是城市公共交通规划实施的保障。城市公共交通规划特别是轨道交通等大运量公共交通方式相应规划的实施,决定了城市的交通体系要发生较大的变化,由此产生的新问题需要通过健全的管理体制加以解决。因此,应本着坚持统一领导和专业管理相结合的原则,建设协调、统一、有效的交通管理体制,保证城市公共交通规划目标的实现。为保证城市公共交通规划的有效实施,应重点落实以下保障措施。

(1)尽快设立由计划、规划、建设、运输、投资、管理等涉及交通的政府有关职能部门领导组成的城市交通协调领导小组,由城市主管领导任组长,主要负责制订统一的公共交通规划、交通政策和交通发展白皮书,加强对城市轨道交通项目等重大项目的管理及各交通管理部门之间的工作协调,并推进城市公共交通白皮书的组织实施。

(2)进一步加强城市公共交通枢纽管理与衔接、交通监测等专业分工,加强其职能。

(3)成立专门的机构负责城市公共交通规划的实施,明确各部门职责,制订年度计划,严格考核,并定期向市交通协调领导小组汇报。

(4)每隔一段时间(例如3~5年)对城市公共交通规划进行适当的编制修订,以适应城市交通快速发展的需要和公共交通项目的实施。

4. 决策支持保障

1)公共交通基础信息决策支持

信息的采集、分析处理和信息的综合利用是城市公共交通规划的重要工作内容之一和规划编制的基础性参考,为了保证规划可持续性和动态调整工作顺利开展,需要建立一个公共交通基础信息数据库,并且要形成一个长效机制。

(1)实时、自动的信息采集。

①利用视频采集等手段,实时自动采集公共交通车辆客流量。

②利用 IC 卡收费系统获取公共交通客流量数据。

③采用线圈、视频等检测手段,实时、自动地采集道路交通的流量信息。

④城市快速路、主要出入通道的交通事故、交通拥堵、交通违法及交通流量等异常交通事件信息的采集。

⑤通过有线、无线通信系统传输至公共交通调度指挥中心,为分析和决策提供准确、翔实的依据。

(2) 智能化的信息分析处理。

①对通过交通科技系统采集的信息、其他部门交换的信息,以及广泛收集的如道路网络、公共交通、对外交通相关信息,融合交警已有的数据信息,进行规范、分类、整理和保存。

②利用城市交通地理信息系统,实现路面实时动态公共交通状况分析,为规划提供规律性交通状态特征。

③对拥有的信息进行深度分析、挖掘与提炼,提供公共交通现状分析、规划方案制定、决策的支撑。

2) 公众参与机制

公众参与是城市公共交通规划以及城市规划体系本身的重大改革。2008年颁布的《中华人民共和国城乡规划法》对城乡规划的公众参与做了一系列重要的明确规定。其中,将采取听证会、论证会和其他方式听取公众意见作为规划的必要程序,这是城乡规划民主化、科学化的重大进步,也是我国公众参与民主形式法制化、程序化的重要进展。规划制订的公众参与可以采取多种途径实现。

(1) 建立群众参与规划的组织机构。成立由城市人大和城市政协牵头,人员包括人大代表、政协委员以及有代表性的群众等人员组成的"群众参与规划委员会",来负责组织群众参与规划工作,同时也作为人大、政协评议城市规划工作的重要依据。

(2) 充分利用现代化的通信工具。规划部门借助电子信箱、电视、电台直播、咨询电话和报纸等工具,利用规划座谈会等各种手段随时把城市公共交通规划的情况告诉市民,与群众方便地沟通规划思想,还可在各个街道(镇)、村(居)委员会内聘请有责任心的群众担任城市规划监督员。

(3) 定期召开规划会议或创建规划论坛。规划部门定期召开规划会议,建立讨论规划的各种论坛,各种团体组织和关注城市规划建设的群众,可以通过这个论坛讨论当地的城市规划,发表自己的观点。对于他们提出的规划建议和意见,哪些已经被接受、哪些不能被接受,理由何在,都应一一给予反馈。

总之,群众参与城市公共交通规划是一种集思广益的好举措,它不仅可以提高城市公共交通规划与建设管理的合理性、科学性,同时,还可以强化广大群众参与城市规划的意识,为城市公共交通建设献计献策,对城市的可持续发展具有深远的意义。为了保证公众参与的实际效果,还应当注意以下两个因素:一是公布一个群众参加规划、发表意见的时间表,让群众有充足时间考虑问题。二是规划部门应召开由各界群众参加的规划座谈会,及时向群众介绍规划情况,如果同时有几个规划方案,应全部提交给群众,说明每一个方案的优劣,并阐明其原因,请群众审查规划方案进行比较讨论。

第五章 城市公共交通基础设施建设管理

基础设施是城市公共交通系统的重要组成部分，是公共交通正常运营的基本依托。城市公共交通基础设施主要包括枢纽、场站、轨道、信息化系统以及各类配套服务设施等。基础设施建设管理主要包括基础设施建设程序管理、项目建设管理、项目竣工验收管理以及基础设施运营管理与维护等。从审批程序来看，公共交通基础设施与其他大型公共基础设施基本相同，但是由于公共交通具有公益性和基础性的特点，使得公共交通基础设施建设管理在用地获取、资金筹措、竣工验收及运行管理与维护方面有其自身的特殊性。

第一节 城市公共交通基础设施分类

城市公共交通基础设施主要包括轨道交通、公共交通换乘枢纽、公共交通场站（含首末站、中途站、停车场、保养场）及其配套设施、公交专用道及其配套设施以及公共交通信息化管理与服务设施等。

1）换乘枢纽

枢纽是指有多条公共交通线路汇集、与其他交通方式衔接的乘客换乘场所。城市公共交通枢纽是城市交通系统的重要组成部分，对提高城市交通系统整体运营效率、衔接城市对外及市内交通、优化调整公共交通线网布局、引导客流走向、方便乘客换乘以及带动区域土地开发等都具有重要作用。

2）场站

场站是指为乘客提供上下车、候车、换乘等服务，并是车辆停放、运行调度、管理维护等活动的场所和空间。公共交通场站主要包括首末站、枢纽站、停车场、保养场和停靠站等。场站功能包括上下客功能、换乘功能、便民服务功能、调度功能、停车功能、维修保养功能和管理功能。

3）停靠站

停靠站是指在公共交通车辆运行的道路上，按运营站位置设置的车辆停靠设施。

4）保养场

保养场是在区域性线路网的重心处设置的进行运营车辆各级保养及相应的配件加工、修理和修车材料储存、发放的场所。

5）停车场

停车场是指供集中停放公共交通车辆的场所。

6）信息系统

信息系统是指为了提高公共交通系统运行效率而建设的信息化和智能化系统，包括公共交通智能调度系统、乘客服务信息系统、多媒体综合查询系统、公共交通基础设施管理系统、公共交通线路显示系统、电子站牌等智能终端信息网络等。

7）公共交通配套设施

公共交通配套设施是指保障公共交通车辆正常运营的轨道、停车场（站）、调度室、站台、站棚、站牌等各类设施。

第二节　城市公共交通基础设施建设程序

城市公共交通基础设施建设的一般程序主要包括项目立项、工程可行性研究、竣工验收等环节，每个环节的主要内容如下：

1. 项目立项的基本程序

1）调研、投资经济分析、项目建议书

了解项目所在地的地理环境，明确工程主体内容。进行投资经济分析，撰写项目建议书，为可行性研究报告做准备。

2）委托可行性研究

由甲方出具可行性研究委托书，委托设计单位进行可行性研究报告的撰写。

3）可行性研究报告的审批

4) 工程初步设计

由甲方出具工程初步设计委托书,委托设计单位进行初步设计。附件基本与可行性研究相同,除以上审批文件外还有以下文件:可行性研究报告批复文件、立项申请书、设计委托书、安全预评价报告及备案文件、环境影响报告书(表)及批复文件、职业卫生预评价报告及批复文件、有关协议文件、城市燃气企业资质证书、消防意见书、其他相关文件。

5) 规划局规划意见、土地批文

6) 工程开工

工程开工前要有施工图设计、施工队招标、监理招标、房建许可证、设备材料的招标、开工许可证、压力管道使用许可。

7) 工程管理(由甲方监督完成)

(1) 质量管理。施工单位应有健全的质量管理体系,包括原材料控制、工艺流程控制、施工操作控制、每道工序质量控制、各道相关工序间的交接验收、专业工种之间的中间交接质量控制、满足施工图设计和功能要求的抽样检验制度。

(2) 进度管理。根据工程项目的进度目标,编制经济合理的进度计划,并据以检查工程项目进度计划的执行情况,若发现实际执行情况与计划进度不一致,要及时分析原因,并采取必要的措施对原工程进度计划进行调整或修正。

(3) 投资管理。包括投资估算和偏差分析。投资估算是工程项目前期根据设计、市场、有关规定估算投资总额,偏差分析是通过实际完成的工程与计划相比较,分析是否存在偏差,并找出偏差原因,以合理控制投资。

2. 工程可行性研究

可行性研究是项目建设前期工作的一项重要内容,是建设程序的组成部分,是建设项目决策和编制设计任务书的科学依据。城市公共交通基础设施建设工程可行性研究的目的是对工程建设的必要性、技术可行性、经济合理性、实施可能性等方面进行综合研究,推荐最佳方案,进行投资估算并作出经济评价,为建设项目的决策和审批提供科学依据。

城市公共交通基础设施建设项目的工程可行性研究一般包括下列内容：

(1)概述或总论。论述建设任务依据和历史发展背景、研究范围与主要内容、研究的主要结论等。

(2)项目的规划相关性及建设必要性。

(3)场址选择。分析场址现状及场址建设条件。

(4)建设规划方案。论述项目规划设计的指导思想、项目总体规划方案、工程方案及配套设施。

(5)环境影响评估。论述项目地块环境现状、采用的环境保护标准、项目建设与运营对环境的影响以及环境保护措施。

(6)组织机构与人力资源配置。

(7)项目实施进度。包括实施工期、实施进度安排。

(8)工程招投标。包括招标组织形式、招标方式等。

(9)投资估算及资金筹措。包括主要工程数量,工程建设与拆迁,单价拟定,投资估算及资金筹措等。

(10)社会评价:包括项目对社会影响分析、项目对所在地的互适性分析、社会风险分析。

根据上述研究结果,通过综合分析评价,提出技术先进、投资少、效益好的最优建设方案。

在公共交通基础设施的建设过程中,公共交通基础设施的交通影响评价和环境影响评价是两项重要的内容。

1)公共交通基础设施交通影响评价

公共交通基础设施交通影响评价的一般程序包括概论、现状交通分析、规划条件、交通需求预测、交通影响评价、改善措施和结论与建议六个方面。

概论主要是交通影响评价建设项目概况及交通影响评价的背景、依据和主要指标选取等。

现状交通分析主要是土地利用现状和交通系统现状。

规划条件包括土地利用规划和交通系统规划,其中交通系统规划包含道路系统规划、公共交通系统规划、停车设施规划等。

交通需求预测是建设项目交通量预测,应包括背景交通量和拟建项目新增交通量两方面的预测内容。

交通影响评价应对建设项目交通影响分析区域内的路网容纳能力等各类交通设施的供应与需求进行对比分析,应包括关键交叉口及路段的交通分析评价、项目与外部交通衔接分析评价、停车设施影响分析评价、行人交通设施影响分析评价、公共交通设施影响分析评价。

改善措施是依据分析评价结果,提出相应的对策和措施,一般包括分析区域交通系统改善措施和拟建项目内部交通系统改善措施。结论与建议是提出对建设项目建设规模和周边交通设施改善建议、内部交通改善建议以及存在的问题。

2) 公共交通基础设施环境影响评价

公共交通基础设施环境影响评价的一般程序包括总论、工程概况、工程分析、方案比选、建设地区环境概况、环境质量现状、施工期环境影响预测与防治措施、运营期环境影响分析与评价、运营期污染防治措施、环境风险分析、公众参与、环境管理与监测计划、评价结论13个阶段。

(1) 总论介绍项目背景以及环境影响评价报告编制的总体情况,如编制依据和目的、评价范围及主要评价指标选取。

(2) 工程概况介绍工程项目的总体情况及主要技术经济指标。

(3) 工程分析介绍工程实施和运行过程中产生的环境影响因素和要素识别。

(4) 方案比选主要分析不同工程方案对环境的影响程度,提出优选方案并作出环境影响评价结论。

(5) 建设地区环境概况主要分析建设地区自然环境和社会环境现状,以及城市总体规划、交通专项规划情况。

(6) 环境质量现状分析环境质量现状、监测及评价等。

(7) 施工期环境影响预测与防治措施主要分析施工期环境影响预测与防治措施。

(8) 运营期环境影响分析与评价主要分析项目运营期对环境的影响分析及评价。

（9）运营期污染防治措施主要分析项目运营期污染防治措施。

（10）环境风险分析主要识别环境风险等级，分析风险特征，提出减少风险的对策。

（11）公众参与主要阐述公众参与的调查分析结果和信息公开过程。

（12）环境管理与监测计划阐述项目实施和运行过程中为减轻或消除不利影响，应采取的环境保护管理与监测计划。

（13）评价结论主要汇总分析以上各部分环境影响评价结论，得出总结论，并对项目实施和运行提出合理建议和要求。

3. 项目竣工验收

根据国务院《建设工程质量管理条例》及建设部建[2000]142号文《房屋建筑工程和市政基础设施工程竣工验收暂行规定》的要求，建设工程竣工验收的基本程序包括以下内容。

1）竣工验收组织

由建设单位负责组织实施建设工程竣工验收工作，质量监督机构对工程竣工验收实施监督。

2）验收人员选择

由建设单位负责组织竣工验收小组，验收组组长由建设单位法人代表或其委托的负责人担任。验收组副组长应至少有一名工程技术人员担任。验收组成员由建设单位上级主管部门、建设单位项目负责人、建设单位项目现场管理人员及勘察、设计、施工、监理单位与项目无直接关系的技术负责人或质量负责人组成，建设单位也可邀请有关专家参加验收小组。验收小组成员中土建及水电安装专业人员应配备齐全。

3）竣工验收标准

竣工验收标准为国家的强制性标准，现行质量检验评定标准、施工验收规范、经审查通过的设计文件及有关法律、法规、规章和规范性文件规定。

4）竣工验收程序及内容

（1）由竣工验收小组组长主持竣工验收。

（2）建设、施工、监理、设计、勘察单位分别书面汇报工程项目建设质量状况、合同履约及执行国家法律、法规和工程建设强制性标准情况。

(3) 验收组分为三部分分别进行检查验收。

5) 竣工验收备案

建设工程竣工验收完毕以后,由建设单位负责,在 15 天范围内向备案部办理竣工验收备案。

第三节 城市公共交通基础设施建设管理典型模式

城市公共交通基础设施建设工程项目的投资主体格局大致可以划分为两个阶段,第一阶段是 20 世纪 50 年代初至 70 年代末,为单一的国家投资主体;第二阶段是 20 世纪 70 年代末实行改革开放以来,形成多元化投资主体格局。城市公共交通基础设施项目的公益性特征,决定了应该以政府财政投资为主,因此本节重点讲述单一投资主体格局下的政府投资项目管理模式,主要有代建制管理模式、总承包制组织管理模式、工程指挥部方式等。

1. 代建制管理模式

代建制,即通过招标等方式,选择专业化的项目管理单位负责建设实施,严格控制项目投资、质量和工期,竣工验收后移交给使用单位。代建制的核心是代建单位按照合同约定代理项目建设的法人职责。实行代建制的关键是通过公开竞争方式选择具有专业素质的代建单位,用经济和法律手段来约束代建单位严格按照代建合同实施代建任务。在 2004 年 7 月国务院颁布的《关于投资体制改革的决定》中明确要求"加强政府投资项目管理,改进建设实施方式","对非经营性政府投资项目加快推行代建制"。

目前多数地方政府对代建项目的范围仅限于政府投资项目,其中相当一部分地区还进一步将"代建制"的实施范围限制在政府投资的公益性项目。

现阶段,政府承担了绝大多数城市公共交通基础设施项目的投资,政府既是主要项目的投资者,也是建设者和监督管理者。在建设管理模式上,实行"条块分割",地方政府向城市公共交通行业管理机构分权、城市公共交通行业管理机构向建设单位集权的"分散集权"管理方式。一般来说,城市重大政府投资项目的投资规模都很大,如上海城市轨道交通路网规划中的18条轨道交通工程项目,每条都要花费几十亿、上百亿元,其中高速磁悬浮上海示范线,总投资达上百亿元。

在代建制模式中存在七大主体:政府、业主、投资方、代建单位、施工方、使用单位、运营单位,使用单位向政府主管部门提出项目需求或项目建议书,政府主管部门负责对项目组织专家评审并作出项目建设决策,然后负责对建设项目和建设代理市场进行监管;政府成立的投资公司作为项目业主、投资方按照招商合同负责选择代建单位,并对建设项目进行融资和按照合同拨付建设资金,接受财政部门审核和对项目进行后评价;代建单位按照与业主签订的合同负责项目的建设管理,并接受代建单位的管理;使用单位或运营单位最终使用或运营竣工后的项目,并在使用或运营过程中接受政府、业主和投资方监管。

根据实际情况,可以采用以下两种基于"代建制"的组织管理模式。

1) 组建政府投资工程管理中心

具体的项目管理模式为传统的三角模式,政府的职责主要包括:项目决策、市场选择、监管、项目后评价、市场管理与培育等几个方面。与原有的政府职能相比,政府介入项目决策方面,更加具有前瞻性和战略性,相对弱化项目实施的具体管理,而是交给中介组织(项目管理公司)完成。对于监督职能要求更高,主要是对投资公司、对项目实施过程进行监督管理,项目后评价也成为政府一项重要的管理手段。这种模式使政府可以将更多的精力投入到政府投资项目的总体规划及决策上,并加强对政府投资项目的后评价,通过对完成后投资项目的效益分析,对项目管理公司的业绩进行评价,进一步对总体规划进行微调,使总体规划更加合理有效,避免了可能带来的失误和损失。

政府提出项目建议后,由政府投资工程管理中心充当业主,担负政府投资工程的管理职能。投资公司作为业主具有投资主体的地位,主要任务是对项目投资与还贷,并对设施经营进行全过程管理。

政府投资工程管理中心也可以通过公开招标的方式选择工程项目管理

公司,由工程项目管理公司实施专业化管理,实现建、管、用分离,解决政府投资工程管理中存在的"一次性业主"和"同位一体化"的问题。这种传统的三角模式,能加强政府业主对政府投资工程的监管。香港、深圳都采用这种管理模式。

2) 暂不组建政府投资工程管理中心。

根据政府投资工程的不同类别,组建几个投资管理中心,如城市建设投资工程管理中心(简称城投管理中心)、城市交通投资工程管理中心(简称交投管理中心)、城市土地投资管理中心(简称土投管理中心)等。即对目前各个部门在自己行业(事业)内的政府投资工程中的业主地位不做大的调整,但又要大力推行政府投资工程的"代建"方式。因此各个投资管理中心应把工程管理的具体职能委托工程项目管理公司管理。这种模式与第一种模式最大的区别是政府投资工程的业主仍然保持了原来的相对分散的特征,该模式特点主要有以下三点。

(1) 有利于政府职能的转变。项目代建制的实施,可以使政府性投资项目逐步通过政府指定或招标方式,将项目交到具有专业管理经验的企业进行建设和管理,使建设单位和使用单位真正分离,排除项目实施过程中的各种干扰,使政府性投资项目真正从计划经济的传统管理模式向市场经济下的现代管理模式转变,从而推进我国管理理念和水平向成熟的国际先进的管理方式、模式靠拢,真正使我国经济融入市场经济。

(2) "代建制"是市场化运行机制与宏观管理的结合。"代建制"通过招投标选定代建单位,通过合同关系明确各方的责任义务和权利,通过有专业管理经验的独立法人单位负责项目管理来规避各种风险。这些市场化运作方式再加上投资人对建设项目的监督管理,能够很好地保证建设项目的顺利实施。

(3) 有利于克服政府投资项目"三超"现象。"代建制"改变了过去的投资主体和建设单位分离、建设单位与使用单位合一的建设项目管理模式,使项目建设过程的管理更加专业化、规范化,操作更加透明化,并且可以有效防止政府投资项目中经常发生的超标准、超工期、超预算的"三超"问题,提高投资效益。代建制应用实例如专栏5-1所示。

专栏 5-1：代建制应用实例——厦门 BRT 智能系统代建

厦门市代建制的组织实施方式有两种，一是由政府有关部门通过招标方式择优选择代建单位，二是由政府有关部门直接委托项目管理公司实行项目代建。厦门市代建制工程项目最早从公共建筑工程开始试行，"厦门市 BRT 智能系统"是厦门市首例采用信息化专项工程代建模式的信息化专项工程。

为保障 BRT 智能系统与 BRT 工程同步、保障 BRT 顺利运行，市相关主管部门及总业主单位在做了翔实的调研与研究之后，确定由在交通信息行业具备丰富项目建设经验及运营经验的信息港公司作为 BRT 智能系统专项工程代建单位。

信息港公司自承担该专项工程代建工作以来，在 BRT 指挥部及总业主单位的协调管理下，逐步摸索出一套代建信息化专项工程的工作方法及管理规范。下面简要地从三个方面介绍信息港公司代建工作成效。

1）发挥代建单位的专业优势，在技术层面为 BRT 智能系统进行把关

信息港公司在政府相关部门带队下，对北京、杭州、常州、重庆、广州等地的公共交通信息系统及 BRT 智能系统的建设情况进行考察，与使用单位、建设单位座谈，在了解和吸取同类工程建设经验的同时，根据厦门市 BRT 工程建设特点和公共交通行业特点以及行业内已建、在建信息系统的应用需求，与 BRT 智能系统初步设计单位进行多次沟通，在初步设计基础上进行了方案的深化设计和功能完善，协同市信息产业局组织召开专家论证会，邀请专家进行审核、修订，最终完成厦门 BRT 智能系统详细设计方案。

2）运用代建单位的大型系统/平台建设经验，节省政府投资

BRT 智能系统涉及十几个独立的子系统，包含数百项 BRT 专有设备、通用设备、系统软件及应用软件，工程内容涵盖软件工程、机电工程、弱电工程、防雷工程、机房工程及计算机系统集成等多种专项工

程,工程造价逾亿元。作为一项规模庞大、专业繁多、集成度极高的信息化专项工程,影响工程造价的因素不胜枚举。

作为代建单位,信息港公司反复与BRT指挥部、市政总公司、公交集团、市交通委、信息产业局交流、探讨、增补设计不足、删除过度设计,详细设计方案几易其稿,最终使修订后的BRT智能系统性能稳定、可靠,系统运营维护成本最小,既能满足系统预期的建设目标和使用需求,同时也对工程造价进行了合理控制,避免了盲目投资和重复性投资。

以BRT智能系统Ⅰ期工程为例,通过调整、完善设计方案,选择国内公开招标方式,使Ⅰ期工程造价从原来接近2亿元的概算控制在约1.26亿元,节省政府投资约30%。

3) 实行精细化过程管理,缩短建设工期

厦门市BRT一期工程有6条线路,2008年厦门"9·8"(中国国际投资贸易洽谈会)期间开通1号线、2号线及联络线。为保障上述三条线路如期开通,各线路土建工程均采用分标段同时建设的施工组织方式。

智能系统的施工组织方式与土建施工组织方式略有不同,一是各条线路土建工程可划分为几个标段同时进场施工,整体工程进度加快,整体工程质量不受影响。而智能系统作为一项完整的系统工程,从系统的兼容性、统一性及售后服务等方面考虑,不宜将一条线路切分成几个标段招标、施工。二是按照常规工序安排,智能系统作为最后一道工序,需在土建、装修交出工作面后方可进场施工。

针对BRT智能系统施工组织的特点,如果仍按照常规施工管理的办法实施,势必造成智能系统的工期严重滞后,无法实现预期通车的目标。

因此,只有调整施工组织办法,对智能系统实施精细化过程管理,才能保障智能系统与BRT整体工程进度同步。根据智能系统特点将现场实施人员细分成10个施工小组,安排专人派驻各土建施工单位和装修单位,根据及时采集的土建、装修工程进度,提出智能系统施工需求,尽可能地调整、修订各方施工方案,尽可能提早交付智能系统所需工作面,通过科学、合理地穿插施工缩短工期、抢夺进度。

2. 总承包制组织管理模式

城市公共交通基础设施建设工程总承包是业主、投资方项目管理中的一种组织实施方式，或叫做一种承发包方式。所谓工程总承包，是业主把工程项目的设计、采购、施工、试运行任务，采用固定总价或开口价的方式，全部承包给一家有工程总承包能力的总承包商，由总承包商负责对工程项目进行进度、费用、质量、安全管理和控制，并按合同约定完成工程。在工程总承包模式下，通常是由总承包商完成工程的主体设计；允许总承包商把局部或细部设计分包出去，也允许总承包商把建筑安装施工全部分包出去。所有的设计、施工分包工作都由总承包商对业主负责，设计、施工分包商不与业主直接签订合同。

根据实际情况，可以采用以下两种基于总承包制的组织管理模式。

1) 设计采购施工、交钥匙总承包制

是指承包商负责城市公共交通基础设施建设工程项目的设计、采购、施工安装和试运行服务全过程，向业主交付具备使用条件的工程。工程总承包中的设计，可以从方案设计开始承包，也可以从详细工程设计开始承包，还可以从可行性研究开始承包。采取何种总承包方式由业主决定。为了减少业主和承包商双方的风险，大型工程项目趋向于采用从详细工程设计开始承包，即业主在完成（委托工程咨询设计公司或工程公司完成）基础工程设计之后，再进行工程总承包招标。因为完成项目基础工程设计之后，主要的技术和主要的设备均已确定，招标时估算的准确度可达到 4% ~ 10%，这样对业主和总承包商双方风险都比较小。工程总承包（EPC）由工程公司实施，其主要优点是能充分发挥设计在建设过程中的主导作用，克服设计、采购、施工相互制约和脱节的矛盾，有利于各阶段的合理深度优化，能有效地对质量、费用和进度进行综合控制。

2) 项目管理承包制

是指项目管理承包商代表业主对城市公共交通基础设施建设工程项目进行全过程、全方位的项目管理，包括进行工程的整体规划、项目定义、工程招标，并对设计、采购、施工过程进行全面管理，一般不直接参与项目的设计、采购、施工和试运行等阶段的具体工作。项目承包商（PMC）是业主机构的延伸,从定义阶段到投产全过程的总体规划和计划的执行对业主负责,与业主的目标和利益保持一致。作为 PMC 承包商,一般更注重根据自身经验,以系统与组织运作的手段,对项目进行多方面的计划管理,有效地弥补业主项目管理知识和经验的不足。对于大中型项目,国外业主一般都不先找 EPC 承包商,而是通过招标选择有竞争实力的工程公司或项目管理公司,作为项目管理承包商即 PMC,再由 PMC 代表业主组织招标和评标。

对政府投资项目,一般的可根据项目投资金额的大小,项目的复杂程度和技术、管理的难易程度,对项目进行代建制和总承包制的选择。对中小型项目,由于项目的复杂程度不太大、技术管理难度不高,一般都采用"代建制"。对大型复杂项目而言,由于项目组织比较复杂,技术、管理难度比较大,需要整体协调的工作比较多,往往都选择"总承包制"进行项目管理。

"代建制"与"总承包制"有所不同,"代建制"是对建设管理费用的承包,代建单位具有项目建设阶段的法人地位,拥有法人权利(包括在业主监督下对建设资金的支配权),同时承担相应的责任(包括投资保值责任);而"总承包制"是对工程造价的整体承包,总承包商不具有项目法人地位,从而无法行使全部权利并承担相应责任。业主有权对项目建设的过程进行监督和干预。

3. 工程指挥部方式

1965~1984 年,我国的政府投资项目大都以工程指挥部方式为主,由政府主管部门牵头,组织建设单位、设计单位、施工单位针对具体项目成立项目指挥部、筹建处、办公室等,把管理建设的职能与管理生产的职能分开,建设指挥部负责建设期间设计、采购、施工的管理。项目建成后移交给生产管理机构负责运营,建设指挥部在完成历史使命后解散。

20 世纪 70 年代末,我国实行改革开放,多元化投资主体的格局逐步形成,工程管理方式也出现了多种形式。目前,全国各地对政府投资工程的管理方式有以下几种:项目法人型、工程指挥部型、基建处型、专业机构型。

(1)项目法人型。按照原国家计委文《关于实行建设项目法人责任制的暂行规定》(计建设[1996]673 号),经营性建设项目必须组建项目法人。项目法人为依法设立的独立性机构,对项目的策划、资金筹措、建设实施、生产经营、债务偿还和资产的保值、增值等实行全过程负责制。

（2）工程指挥部型。政府投资项目的工程指挥部一般是临时性的从政府有关部门抽调人员组成，负责人通常为政府部门的主管领导，工程项目完成后，该工程项目的指挥部即告解散。目前，一些大型的公共建筑、市政工程以及环境治理工程等多采用这种工程指挥部模式。这种模式的特点是临时性、一次性、目标单一，通常表现为要按期突击完成某项工程。

（3）基建处型。城市公共交通行业管理机构以及一些工程项目较多的单位均设有基建处，在这种模式下，具体项目的实施一般是由本部门的基建处进行直接具体的组织领导工作，而城市公共交通行业管理机构则主要进行常规的行政管理工作，该模式的主要特点是自建自用。

（4）专业机构型。20世纪90年代末期，我国地方政府探索出政府项目管理的新模式——专业机构型，由一个专门机构负责某一类或几类政府投资工程项目的实施管理工作，其特点是管理单位长期专职从事管理某些类别的政府投资项目，具有一定的专业性。另外，按照项目管理机构的性质还可分为政府机关型、事业单位型和企业型。

第四节 城市公共交通基础设施竣工验收管理

1. 公共交通场站竣工验收管理

1）城市公共交通场站及枢纽竣工验收概述

城市公共交通场站和配套设施是指在城市主要交通干道上建设的港湾式停靠站，配套完善站台、候车亭等设施。城市公共交通换乘枢纽要配套建设机动车、非机动车停车场，配备相应的指向标志、线路图、时刻表、换乘指南等服务设施建设等。

城市公共交通场站及枢纽竣工验收可参考《房屋建筑工程和市政基础设施工程竣工验收备案管理暂行办法》（以下简称办法）。办法中明确：为了加强市政基础设施工程质量的管理，国务院住房和城乡建设主管部门负责市政基础设施工程（以下统称工程）的竣工验收备案管理工作。县级以上地方人民政府建设主管部门负责本行政区域内工程的竣工验收备案管理工作。建设单位应当自工程竣工验收合格之日起15日内，依照本办法规定，向工程所在地的县级以上地方人民政府建设主管部门(以下简称备案机关)备案。建设单位办理工程竣工验收应当提交所要求的备案文件,备案机关收到建设单位报送的竣工验收备案文件,验证文件齐全后,应当在工程竣工验收备案表上签署文件收讫。

2) 城市公共交通场站及枢纽竣工验收的基本程序

根据国务院《建设工程质量管理条例》及建设部建[2000]142号文《房屋建筑工程和市政基础设施工程竣工验收暂行规定》的要求,建设工程竣工验收应按照国家现行的强制性标准,由建设单位负责组织成立竣工验收小组并实施验收工作。

3) 城市公共交通场站及枢纽竣工验收的档案移交

根据《建设工程质量管理条例》(国务院279号令)、《城市建设档案管理规定》(建设部90号令)、《建设工程文件归档整理规范》(GB/T 50328—2001)、《城市建设档案著录规范》(GB/T 50323—2001)和《市政基础设施工程施工技术文件管理规定》(建城[2002]221号)规定,城市公共交通基础设施竣工验收的档案移交,主要包括:基础设施工程文件的整理、工程文件归档的时间和套数、工程文件立卷的原则与规格、案卷的编目、案卷装订与装盒、基础设施工程档案的预验收、基础设施工程档案的移交。

2. 轨道交通竣工验收管理

轨道交通作为城市重要的公共交通工具,其安全性直接关系到广大乘客的生命安全。轨道交通竣工验收工作作为城市轨道交通工程安全验收提供科学依据,是城市轨道交通建设、运营安全的强力保证。为加强建设工程竣工验收及备案管理,根据国务院《建设工程质量管理条例》和建设部《房屋建筑工程和市政基础设施工程竣工验收备案管理暂行办法》等有关法律、法规,凡投资额在20万元或建筑面积在500平方米及其以上的土木建筑、建筑工程、设备安装、管线敷设、装饰装修以及市政基础设施等工程(以下简称建设工程)的竣工验收和备案,必须对其进行竣工验收和备案管理。

轨道交通建设工程的竣工验收工作由建设单位负责组织实施。建设行政主管部门可以委托工程质量监督机构对工程竣工验收实施监督。建设工程竣工验收应当具备:完成建设工程全部设计和合同约定的各项内容,达到使用要求；有完整的技术档案和施工管理资料；有工程使用的主要建筑材料、建筑构配件和设备的进场试验报告；有勘察、设计、施工图审查机构、施工、工程监理等单位分别签署的质量合格文件；有施工单位签署的工程保修书等条件。

1）轨道交通竣工验收

消防工程、人防工程、疏散平台工程竣工验收，由业主单位（轨道交通建设公司）组织设计、监理、勘察、建设（施工）单位、设备供应单位、质量监督站对主体工程进行竣工验收，主要包括查验项目部内业资料，现场实测实量、结构观感等各项是否达到相关验收标准。

轨道交通供电工程电气（含索引供电系统、综合监控系统）竣工验收，包括索引供电系统的"三遥"测试、综合监控系统的画面图元、权限管理、故障录波、监视等功能。主要通过现场检查及对提供的相关资料的核实，对城市轨道交通工程主变电站、牵引变电站、降压变电站、接触网系统、电力监控系统、防雷接地及杂散电流防护系统进行验收。

城市轨道交通工程防火、防爆竣工验收，主要根据依据国家标准《地铁设计规范》（GB 50157—2003）、《地下铁道工程施工及验收规范》（GB 50299—1999）、《建筑设计防火规范》（GB 50016—2006）、《爆炸和火灾危险环境电力装置设计规范》（GB 50058—1992）、《气体灭火系统施工及验收规范》（GB 50263—2007）等标准规范的要求，主要通过现场检查及对提供的相关资料的核实，对城市轨道交通工程建筑物耐火等级、易燃爆场所安全措施（包括防爆电器、气瓶间、空压机站等）、蓄电池间安全措施、电缆防火措施等法律法规符合性进行安全评价。

城市轨道交通工程特种设备验收，主要通过现场检查及对提供的相关资料进行核实，对城市轨道交通工程的特种设备进行安全评价，设备包括：电梯（如残疾人电梯、出入口自动扶梯等）、压力容器（如储气罐、分气包、油气分离器等）、起重设备（如电动单梁起重机、电动双梁起重机等）、机动车辆（如车辆段使用的电瓶叉车、电瓶车等）以及安全阀、压力表等强制性检测设备，主要关注的是这些特种设备及强制性检测设备的出厂合格证明、粘贴的安全标志及相关部门出具的检验检测合格证明等。

城市轨道交通工程安全管理制度验收,主要通过对提供的相关资料的核实,对城市轨道交通工程安全生产指导原则、安全文化及安全管理目标、安全生产管理组织机构、安全生产管理制度、安全教育培训、职业安全卫生专项投资评价、安全监督检查评价、应急救援预案评价、其他安全管理活动评价等方面进行验收。

2) 轨道交通竣工档案验收与移交

结合轨道交通的实际,做好轨道交通工程的新建、扩建、改建和技术改造等项目的竣工文件材料编制、整理及竣工档案验收。轨道交通工程竣工文件材料归档范围:规划报建、规划验收(地铁总公司建设总部立卷)、招投标文件、合同文件(地铁总公司企管总部合同部立卷)、土建施工、机电安装装修、轨道及设备系统安装、设备监造、设备采购及厂家资料、竣工验收文件、工程结算、监理文件等地铁建设工程所产生的归档文件材料。

工程竣工归档文件材料必须与所产生的电子文件一一对应整理移交。施工中所产生的声像档案和电子档案的编制办法,按照地铁总公司建设项目声像档案整理移交实施细则及建设项目电子档案整理移交实施细则执行。

第五节 城市公共交通基础设施运营管理与维护

城市公共交通基础设施是提高公共交通运行效率及服务水平、增强公共交通吸引力和缓解城市交通拥堵的重要硬件基础,各城市应结合自身实际,建立公共交通基础设施管理的长效机制,并努力落到实处。本节围绕公共交通场站论述公共交通基础设施运营与管理。

公共交通场站属于社会公共资源,必须坚持统一规划、统一管理、资源共享等原则。城市公共交通场站的管理人应当健全运营管理制度,保障城市公共交通场站正常运营。

(1)明确公共交通场站的行政主管部门,依照有关法律法规的规定,确定公共交通场站经营者,具体负责公共交通场站的日常管理工作。与此同时,规划、国土、公安、财政、工商、物价、城管、交通等部门各司其职,密切配合,协同做好公共交通场站的相关管理工作。

(2)完善场站运营服务,按规范要求划定行车线、停车线、上客区、下客区等交通指示标线,设置线路站牌、指示牌、候车亭(廊)等运营服务标志和设施,并保持场站标志线、站牌完整、清晰。

(3)加强场站配套设施的建设,按照国家标准配置相应的场站、调度管理用房、水、电、照明、通信、卫生等设施,并提供车辆应急修理、车辆保洁等配套服务,并设置消防设施、安全通道和治安保卫管理措施,为公共交通企业提供运营调度、车辆停放以及站务办公、休息、如厕等配套服务。

(4)加强对公共交通场站及其相关设施的日常管理,及时养护维修,保障其功能完好。

(5)保证良好的场站运营秩序,科学、合理地组织好车流和人流,保持场站安全有序。

(6)加强对公共交通场站、候车亭广告的经营管理,保养和维护场内的绿化,做好卫生保洁工作。

(7)加强对场站管理人员的职业培训,并经考核合格后持证上岗。

(8)场站经营企业应制定企业的服务管理制度、服务承诺制度、服务投诉处理制度、服务问责制度,并报送场站行政主管部门,接受行业监督。

(9)加强场站内部管理工作,做好停车场、保养场的管、用、养、修,防止设施被盗以及场内交通事故、火灾事故的发生,对发现的问题,按照各自的职责分工,及时处理。公共交通场站内应禁止下列行为的发生:

①随意搭建临时性建筑物、构筑物。

②擅自改变建筑内部结构、建筑用途,擅自破墙开店或者擅自在桥涵构件上钻孔打眼,铺设管线。

③损毁、遮盖站牌、标志牌等运营服务设施。

④车辆不按限速标志规定行驶或者不按规定区域乱停乱放。

⑤非公共交通运营车辆进入或者停放。

⑥堆放易燃、易爆、剧毒等危险品。

⑦其他损毁、侵占公共交通场站设施的行为。

济南市公共交通枢纽运营管理案例如专栏5-2所示。

专栏 5-2：济南市公共交通枢纽运营管理案例

1）运营和管理对策

以公共运输市场为导向，在制度上实现法规、行政管理和经营分离。如果政府既是系统的所有者，又是管理者和操作者，这样的体系通常既没效率，成本也高。政府的主要作用是对公共交通服务进行规划、协调和管理。面对公共交通运营与有限的场站资源的尖锐矛盾，采取高度集中、统一管理、合理配置、充分利用的对策方为上策。

公共交通枢纽主管部门在线网规划中确定。公共交通企业需要使用公共交通枢纽，应当向主管部门提出申请，经批准后与公共交通枢纽管理服务单位签订合同，并报主管部门备案。费用收取标准由管理公司会同公共交通枢纽主管部门共同确定并报发展改革委员会批准。

明确公共交通枢纽的经营和管理主体，对场站设施进行统一的管理、建设和维护。场站管理服务公司可以采用两种类型。一是由市公共交通总公司基建部为主体成立专门的公共交通枢纽服务公司，对公共交通枢纽进行独立分离的管理。二是由城市公共交通行业管理机构成立专门的公共交通枢纽管理服务公司在市政府的直接领导下，对济南市公共交通场站进行统一的管理、建设和维护。

2）实施计划

济南市公共交通枢纽步入良性的发展轨道需要经历以下三个阶段：

第一阶段为准备阶段，重点在于明确政府职能，形成公共交通枢纽用地、投资、建设、运营、管理机制；

第二阶段为启动阶段，编制公共交通枢纽的专项规划，成立公共交通枢纽建设主体，选择近期建设项目开始实施；

第三阶段为建设阶段，根据城市发展要求，按照规划，逐步完成公共交通枢纽的建设任务。

第六章 城市公共交通运营管理

城市公共交通运营管理就是对城市公共交通运营服务过程的计划、组织、实施和控制等各项管理工作的总称。城市公共交通运营过程由城市公共交通运输企业具体组织,根据城市公共交通行业管理机构对服务规范的要求和城市公共交通客流动态变化规律对其运营过程进行组织指挥和调节,形成有序的运营服务,最大限度地从站点设置、运营时间、线路运营形式、线路车辆配置等方面来满足市民出行需求。

城市公共交通行业管理机构是公共交通运营服务的监管主体。监管内容主要有:一是企业市场准入与退出管理;二是运营服务规范执行情况与质量监管;三是运营企业经营成本监审。一套完善的政策法规是行业监管的基础,城市公共交通行业管理机构依据相关法规、规章和规定,依法行使行政许可和监管职权。通过规范化的监管,明确企业的责任和义务,维护各方权益,规范运营服务,保障城市公共交通安全运行。

第一节 城市公共交通运营管理的主要内容

1. 线路经营权管理

城市公共交通线路经营权管理,是指城市公共交通行业管理机构依照法定程序授予符合资格的企业经营者在规定期限内经营指定的公共汽(电)车和轨道交通线路的权利。规范的线路经营权管理制度,是城市公共交通行业市场准入和公平合理配置公共资源的基本制度,是城市公共交通行业管理机构加强运营监管的重要抓手,可以促进企业不断提高服务水平。

1)线路经营权的准入管理

目前,我国城市公共交通运营企业取得线路经营权的方式主要有两种:一是政府直接审批授权;二是政府通过公开招标或邀标的方式授予。第一种方式对城市公共交通线路的所有权和经营权未作界定,排他性特征不明显;第二种方式明确了城市公共交通线路资源作为国有无形资产的属性。城市公共交通线路的所有权和经营权可以分离,市场化运作只改变线路的经营权实现形式,而不改变其产权属性。

运营企业取得线路经营权,需要具备相应的资质条件。主要包括:有企业法人资格;有符合国家有关标准的城市公共交通车辆、设施;有符合规定的运营资金;有符合从事城市公共交通运营服务要求的驾驶员;有与运营业务相适应的其他专业人员和管理人员;有健全的运营服务和安全管理制度。

为推动企业加强运营服务管理,提高运营服务质量,促进行业适度竞争,城市公共交通线路经营权需要设有一定的运营期限。对于城市公共交通线路运营期限届满需要延续的,城市公共交通企业应当在期限届满前向城市公共交通行业管理机构提出延续申请。例如,根据《上海市公共汽车和电车客运线路经营权管理规定》,上海市的公共汽(电)车线路经营权期限每期不得超过8年。

2) 线路经营权的授予原则

线路经营权的授予,主要应以企业所具有的运营服务资质条件为依据,同时也应根据公共交通运营服务的特点和要求,体现以下原则:

一是有利于线路运营的稳定有序。对于线路经营权期限届满、运营服务良好的企业,应给予其新一期的线路优先经营权,以保证线路经营的连续性和稳定性。

二是有利于区域相对集中运营。应鼓励特定区域内经营业绩、运营服务优良且具有相对规模优势的企业通过重组兼并达到相对集中经营,并给予其区域内线路经营优先权。

三是有利于线网优化调整。应支持现有线路的经营者通过与其他线路经营者实行线路经营权置换等方式进行实现规划要求的线路优化调整。

3) 线路经营权的考核评议

线路经营权的考核评议是线路经营权管理的主要内容。监督企业在运营中执行取得线路经营权时确定的客运服务、行车安全等方面制度的情况,加强线路经营权的考核,是健全线路经营权管理制度,提高运营服务质量的重要手段。

线路经营权考核标准的内容一般由运营基本条件和管理要求两个部分组成。运营基本条件包括对该线路车辆配置、服务设施、站点设施和人员素质等方面的规定；管理要求包括运营服务、安全行车、车辆设施、站容秩序、票务管理、投诉处理、遵章守纪、社会评议等方面的规定。城市公共交通行业管理机构可以根据客运市场的变化和运营服务的要求，适时修改考核标准。

城市公共交通行业管理机构应当根据公布的考核标准，在企业进行自我检查的基础上，每年组织对企业的运营服务状况进行评议，并充分重视乘客、信访投诉和新闻媒体报道等社会方面的评议意见。评议时可邀请乘客代表、新闻媒体等方面参加。

4）线路经营权的退出管理

经考核评议，线路经营者达不到线路经营要求的，城市公共交通行业管理机构应责令其限期整改，整改期满，考核合格的可继续经营。整改期满仍不符合管理要求的，应取消其线路经营权。

城市公共交通线路经营权的退出管理，是一项政策性很强的行业管理工作。在操作过程中，既要严格、规范，也要稳妥、有序。特别对退出经营的企业要妥善处理好资产评估、人员安置、运营衔接等相关事宜。新授权经营单位要优先吸收原在该线路运营的驾驶员、售票员和调度员。

上海公共汽（电）车线路经营权管理如专栏6-1所示。

专栏6-1：上海公共汽（电）车线路经营权管理

2007年，修改线路经营权管理办法和考核标准，重点对行车作业计划执行、车辆配置、服务质量、运行安全等加强监管和日常评议考核。对行业不规范经营行为进行清理整顿，依法对管理混乱、服务质量差、安全隐患多的企业，收回或吊销线路经营权。针对某公司一条线路停运事件，所暴露出车辆由个人出资买断经营的情况，作出了吊销线路权的行政处罚；责令9条考核不合格线路整改。

> 2008年,将公共交通驾乘人员基本服务规范、车辆广告设施、照顾70岁以上老人乘车等内容新增列入经营权考核指标,并调高行风测评成绩在社会评价指标中的权重。当年经营权考核中有7条考核不合格线路被责令整改;13条公共交通线路不再授予线路经营权,作撤线处理;2条整改不合格线路被责令取消线路经营权。
>
> 2009年,考核重点突出迎世博要求,以及增加了"发生恶意刷卡行为"和"发生严重影响行业声誉,损害行业形象事件"等两项否决指标。当年考核不合格的5条线路,结合公共交通改革转让给巴士集团。
>
> 通过实施线路经营权考核制度,鞭策运营企业不断改善服务质量,实现线路资源逐步向优势企业集中。

2. 日常运营服务监管

加强城市公共交通的日常运营服务管理,完善运营服务标准,督促运营企业不断提高公共交通服务质量,为乘客提供安全、便捷、经济、可靠的客运服务,是促进城市公共交通发展的基础和保障。

1)主要内容

(1)线网及线路管理。线路日常运营管理是指根据城市公共交通线网规划,编制和确定实施计划,包括线网优化调整、新建住宅区线路配套、复线控制、线路暂停与终止、线路长度控制、公交专用道管理等内容。

(2)站点设置与管理。包括:站点设置布局、首末站设施管理、首末站日常管理、站名规范管理、站牌服务信息管理、候车设施管理、临时站牌管理等内容。

(3)运营车辆、车载服务设施管理。包括:车辆技术要求、车辆服务设施配置要求、车辆日常维护要求等。

城市公共交通行业管理机构对运营车辆实行年度审验制度,未经年度审验或经年度审验不合格的运营车辆,不能用于线路运营。

(4)票务管理。行业票务管理主要包括票价的制定、售票员售检票、票款回收、核算、统计等相关工作的要求。政府物价部门核定运价标准,城市公共交通行业管理机构据此对票价进行检查监督,对企业提出的票价调整申请进行审核,会同物价部门组织听证。

运营企业应严格按照政府核定的运价标准收费,并向乘客提供经城市公共交通行业管理机构和税务部门共同核准的统一票据;如需调整票价,须报政府主管部门批准后才可实施;在运营过程中,售票员或驾驶员应监督乘客按规定买票(投币或刷卡),正确识别与处理违章乘车事件。

(5)行车作业计划管理。城市公共交通行业管理机构对线路行车作业计划的编制和执行情况进行监督检查。

在线路投入运营前,运营企业应按照运营要求和客流量编制线路行车作业计划,对行经路线、停靠站点、开收车时间、配备车辆数、车辆发车时间间隔等进行规范,并报城市公共交通行业管理机构批准后组织实施。

(6)从业人员服务操作规范管理。包括对驾驶员、售票员、调度员等运营企业的现场服务人员在规范着装、服务用语、操作规程等方面进行监督检查。

2)建立服务督查评价机制

为加强公共交通日常运营服务规范管理,城市公共交通行业管理机构应根据各地的行业运行与管理实际,探索建立一套切实有效的日常运营监督管理机制。

(1)建立和完善服务规范标准监督检查制度。一是要加强城市公共交通行业管理机构的行业稽查。特别是要通过加强现场监管执法力量、充分应用信息化等技术手段,加大行业稽查力度,提高执法监督的有效性与权威性。二是要推动企业自我管理,促进行业自律。尤其要充分发挥行业协会的相关职能,通过行业协会的纽带作用和组织、教育作用,增强行业和企业的自律意识,提高规范服务水平。三是要充分发挥社会监督的作用。可通过行风巡查团、乘客投诉、媒体监督等方式,形成全社会共同关心、关注公共交通规范服务的合力。

(2)建立和完善公共交通日常运营服务社会评判与考核机制。一是要引入社会中介组织建立行业服务的社会评判机制。在服务规范标准内容的制订、执行监督、考核实施等环节都要通过适当机制引导专业的、权威的社会中介组织积极参与,充分发挥作用。二是要建立严格的服务考核机制。

服务规范标准通过适当渠道经社会评判认可后,政府对公共交通服务的监管也以此为依据,根据企业服务水平,决定线路经营权的授予,以及财政补贴、补偿的数量。企业也根据社会认可的服务规范提供公共交通服务,规范企业内部服务供应考核制度,以服务水平作为考核经营者、驾乘人员的主要指标,并健全日常服务考核程序与数据管理。

对于企业服务规范标准执行情况的督查、考核,要作为公共交通线路经营权管理和企业经营者综合经营管理绩效评价的有效手段,根据考核指标权重的不同,设定具体的、甚至量化的考核标准,这样才具有可操作性和权威性。

3. 运营成本监审

所谓运营成本监审,是指政府有关部门通过合理界定企业运营收入和成本范围,建立公共交通行业单位成本标准,科学测算、审核和评价企业经营状况,并将运营成本以适当的方式向社会公开,促进公共交通企业进行成本控制、规范营收。同时,为政府部门评价公共交通行业经营状况,完善扶持政策提供依据,也是建立公共交通合理补贴机制的需要。

1) 加强公共交通行业成本监审的必要性

城市公共交通作为公益性行业,其票价应该受到政府的管制,而不适宜实行完全市场化的定价方式。近年来,随着油价上涨、车辆更新等经营压力的不断加大,我国公共交通企业普遍存在着票款等收入难以弥补生产经营支出的问题,甚至日常经营也面临不同程度的困难。影响了公共交通企业的可持续发展,因此政府应当通过补贴、补偿等方式给予适当扶持,才能保证公共交通运营服务的正常进行。这就迫切需要在公共交通行业推行成本监审制度。通过成本监审,促进企业加强管理、降低成本,规范公共财政补贴,实行合理的行业扶持政策和价格政策,提高政府行业监管的效率和水平。

2) 成本监审的主要内容

(1) 要明确运营企业成本相关项目的构成,统一规范企业主要收入、支出项目会计核算口径。城市公共交通企业运营成本费用由直接运营成本、期间费用和其他运营成本组成。直接运营成本是指公共交通企业实际运营过程中发生的与运营生产直接相关的成本和费用,包括人工费用、能耗费、车辆折旧费、保养修理费、行车事故损失费、运营业务费、养路费等。期间费用是指公共交通企业为组织和管理车辆运营所发生的管理费用和财务费用等。其他运营成本包括公共交通企业在实际运营过程中发生的与运营生产间接相关的成本和费用，如运营车辆提前报废支出等。通过对企业主要收入、支出项目核算口径的规范统一，提高企业会计信息的质量和真实性，以便于政府对企业运营成本监控和评价。

（2）要确定公共交通行业成本项目的评价约束标准。即根据行业实际情况，对企业的人工费、燃料能源费用、车辆折旧费、保养修理费、行车事故费、管理费等各项成本设定合理的、约束性的、具有先进性的量化标准。通过这样的指导性成本标准，引导企业在不断提高服务质量的前提下，围绕如何有效控制成本、提高企业运营效率，开展适度竞争，使成本监审工作真正能达到激励性约束的作用。同时，在人工费用项目下，明确设定企业职工特别是一线驾乘人员年收入水平的合理性指标，保持公共交通行业职工队伍的稳定。

（3）要制定成本费用分摊的原则和方法。特别是对于多元经营的公共交通企业的间接成本费用，要在合法性、合理性原则下，确定适当的分摊方法。

3）推行成本监审的主要工作着力点

一是制定完善相关政策文件。包括"公共交通企业成本监审管理办法"、"公共交通企业会计核算规定"、"公共交通行业成本构成约束标准"等。二是建立企业成本费用评价机构。各城市可组建由城市发展改革、财政、审计和交通等政府相关部门、行业协会、人大和政协等以及社会相关专家组成的"公共交通企业成本费用评价委员会"。并设置常设办公机构，以具体负责日常管理工作。三是加快建立公共交通企业成本监控平台。一方面，应充分依托公共交通经营企业运营监管平台。在企业信息化建设的过程中，政府主管部门要根据行业成本监审的要求，加强业务指导，明确企业会计核算与运营数据管理系统设计的基本规范。另一方面，在具备条件的城市，要加快公共交通行业监管平台建设，即时采集和分析企业运营数据。并研究建立行业主要成本基础数据库，为成本监审提供科学依据。深圳、上海对公共汽车运营企业实行成本规制情况如专栏6-2所示。

专栏 6-2:深圳、上海对公共汽车运营企业实行成本规制

深圳市:为了寻找公共交通行业公益性与经营性的平衡点,从 2008 年开始建立公共汽车行业财政补贴和补偿制度。通过对公共汽车运营企业服务质量的综合量化考评,确定企业的合理利润水平,并根据该利润水平确定每年度政府对企业的财政补贴额度。首先,政府就企业承担社会公益性任务、燃油价格上升以及公共交通票价降低等设置单项补贴。其次,政府设置公共交通行业平均利润率为 6%,给予单项补贴后,运营企业成本利润率仍低于 6% 时,通过增加财政补贴的方式补足 6%;企业成本利润率高于 6% 时,超额利润部分的 30% 由企业自行管理,70% 进入投资回报专项资金,用于行业成本利润率水平保障补贴。再次,设置服务质量调节机制。将企业服务质量与可获得的政府补贴额直接挂钩。服务质量挂钩的比例为补贴总额的 30%。当公共交通服务质量达到规定标准时,考核得分等于或高于标准分,企业可全额获得各项补贴,服务质量调节为零;当公共交通服务质量达不到规定标准时,考核得分低于标准分,相应扣减补贴金额,服务质量调节为负。

上海市:2009 年初,市财政局和市交通港口管理局联合下发了《上海市公共汽电车营运企业成本规制管理办法(试行)》,市交通港口管理局下发了《上海市公共汽电车营运企业主要收入和支出会计核算办法(试行)》。统一企业主要收入与支出核算口径和分摊原则,明确成本构成、约束标准、监审程序以及违规处理等要求,并对营收和资源性收入等进行相应监审。2009 年开始,公共汽(电)车行业全面推行成本规制,以软件应用、数据采集为重点,编制了《城市公共汽电车企业成本规制基础数据表》,启动网上填报系统的软件开发。

第二节　城市公共交通运营体制模式

目前,在国内外绝大多数主要城市,城市公共交通的发展规划、基础设施的投资建设均由政府负责,具体运营则引入市场机制,由企业负责组织实施。而轨道交通和公共汽(电)车这两种公共交通的主要形式,由于各自特点不同,其运营体制模式也有较大差异。以下分别介绍。

1. 公共汽(电)车运营模式

根据公共汽(电)车运营企业的经济属性、运营方式以及行业市场竞争程度,目前国内外城市公共交通运营模式大致可分为四类。

1) 国有企业为主直接运营模式

在这种模式下,政府控制票价与线路规划,同时政府与国有公共交通企业签订服务合同,按区域授予其线路经营权,企业按合同要求提供公共交通服务,对于票价收入不足运营亏损部分由政府出资承担,以巴黎及北美主要大城市为典型代表。

2) 政府授权委托运营模式

在这种模式下,政府控制票价,并将一部分政府职责授权于一家国有公共交通企业,委托其统一经营和管理其他公共交通运营企业,委托职能包括制订线路规划,确定公共交通服务标准,监督运行质量,实行线路经营权招投标管理等,政府通过委托企业对亏损线路进行运营补贴,以伦敦为典型代表。

3) 运营收支分离模式

在这种模式下,政府控制票价与线路规划。经济成分多样化的各类运营企业,均可通过竞标方式取得线路经营权。公共交通票款收入不进企业账户,统一汇缴至城市公共交通行业管理机构掌控的票务结算中心。政府根据百公里成本将票款收入重新分配,返还各运营企业,并对收入不足成本部分进行补贴,保证企业一定的利润率。利润率因各企业服务质量的差异存在浮动区间,这种模式以首尔为典型代表。库里蒂巴与首尔相似,实施运营收支分离,差异在于政府的部分管理权下放给一家国有企业行使。

4) 高度市场化运作模式

在这种模式下,政府不对公共交通运营企业进行直接补贴,采取多种形式的扶持政策给予补偿,包括赋予土地开放权,各种税费减免、采用BOT建设方式等,降低企业的运营成本。同时,政府也对线路经营权、票价、利润水平、服务内容等进行监管,企业在政府监管体系下,仍有一定的自主调整权,如调整票价等,可以进行比较灵活的收支控制,取得盈利,以香港为典型代表。

2. 城市轨道交通运营模式

轨道交通属于资金密集型行业,项目投资大、工期长,票款收入通常难以补偿运输成本。根据这些特点,目前国内外轨道交通运营管理模式主要有以下几种类型。

1) 按经营权与所有权的关系划分

(1) 国有国营模式。政府出资建设轨道交通设施,并指定政府下属机构、国有企业或国有控股公司负责轨道交通的运营管理。对运营中的亏损,政府通常给予财政补贴或补偿。国有国营模式在欧美国家得到较多的采用,我国北京、上海、广州等大城市的运营管理也属于这种模式。

(2) 国有民营模式。政府出资建设轨道交通设施,并通过租赁等形式将轨道交通的经营权转交给民营企业。运营者的行为受到政府相关法规的约束,但政府不干涉企业的日常运营管理,也不对运营亏损进行补贴。新加坡地铁的运营属于这种模式。该模式的特点是有助于减少财政支出和提高运营效率,但客流必须达到一定的数量级才有条件推行。

(3) 民有民营模式。民间资本出资建设轨道交通设施,民营企业负责轨道交通的运营管理。政府通过合同形式对轨道交通投资建设、运营企业股本结构、票价浮动范围等进行约束,但政府不干涉企业的运营管理,也不对运营亏损进行补贴。东京部分地铁、泰国轻轨的运营管理属于这种模式。该模式的特点是扩大了轨道交通建设资金来源,民间资本在控制成本方面有更大的动力,但轨道交通的公益性目标和民间资本的盈利性目标难免存在冲突。

2) 按照运营与投资、建设的关系划分

(1) 运营与投资、建设合一的"一体化"模式。这种模式在欧美国家较为流行,即由政府公共服务机构或国有企业垄断经营,且投资、建设、运营一体化。这种模式的优点在于,所有矛盾都可以在体制内协调,不会出现资金不到位、设备不适用等问题。但缺点也十分明显,整个机构都缺乏相互制约的机制,经济效益往往较差。

(2) 多主体的"一体化"模式。由两个以上政府公共服务机构或国有企业经营,也实施投资、建设、运营一体化,以东京、首尔为代表。这种模式与欧美国家的"一体化"模式利弊基本相同,但由于一张城市轨道交通网被人为切成多块,无论是修理设施还是停车场库都需要重复建设,资源利用效率较低。

(3)运营与投资、建设相互独立的模式。在政府的监督管理下,由轨道交通项目投资公司、建设公司和运营公司,分别承担轨道交通投资、建设和运营的职责,以北京等市为代表。这一模式的主要优点是有利于通过市场化手段筹措轨道交通建设资金,也有利于提高运营管理效率;弊端是建设与运营环节易衔接不顺。

北京市、上海市、广州市轨道交通运营模式如专栏6-3所示。

专栏6-3:城市轨道交通运营模式案例

北京市:北京是我国最早建设、运营轨道交通线路的城市,目前的运行里程数为300公里。在体制改革以前,北京轨道交通一直沿袭在北京地铁总公司领导下的建设、运营一体化模式。轨道交通的建设与运营基本上依赖于市政府。为加快轨道交通发展,解决轨道交通投资、运营领域存在的资金来源单一、运营亏损严重等问题,北京市政府对轨道交通体制进行了改革:如组建北京市基础设施投资公司、轨道交通建设管理公司、地铁运营公司;在八通线、城铁等线路的建设过程中实行社会多元投资参与的项目公司制;地铁4号线项目作为国内第一个PPP(公私合营)模式项目进行建设,该线路的"特许经营协议"已经正式签署,合营的京港地铁公司获得了30年的特许经营权;酝酿票制及票价改革,在运营领域引入竞争机制等。一系列改革举措对轨道交通的发展产生了积极影响。

上海市:2000年,上海市进行了轨道交通体制改革,根据投资、建设、运营、监管"四分开"的原则,探索政企分开、产权明晰、投资多元化、运作市场化的轨道交通发展之路。组建了上海轨道交通投资公司(申通集团)、上海地铁建设有限公司和上海地铁运营有限公司。此项改革对解决轨道交通建设资金筹措、项目投资控制、加快轨道交通建设起到了积极作用。但随着线网规模逐渐扩大,产生了新的问题,如投资方与运营方的关系、建设方与运营方关系等。2004年,地铁建设有限公司、地铁运营有限公司先后并入申通集团,实施了新一轮的投资与建设、运营合一的模式,较好地实现了轨道交通网络运营的要求。

广州市:广州地铁的建设投资由市政府承担,政府用土地批租收入作为建设资金的来源。由于建设轨道交通的资金来源稳定充足,提升了金融机构投资轨道交通项目的信心,这对轨道交通项目的方便融资、加快建设产生了积极作用。

广州地铁的建设与运营有广州地下铁道总公司负责。广州地铁的运营采取包干方式。政府出资将项目建成后,将线路的运营权交给地铁总公司,地铁总公司自负运营上的盈亏,政府不对线路的运营亏损进行补贴,也不对应因运营亏损而产生的债务承担责任。由于建设期投资与负债在政府的土地批租收入中列支,地铁总公司减轻了成本压力;而运营上的自负盈亏又促使地铁总公司控制运营成本,提高了经济效益。

第三节 城市公共交通市场运营格局

从我国城市公共交通市场化发展的历程看,培育公共交通运营市场,促进运营主体间的有效竞争,对于激发行业发展活力,提高运营服务效率,发挥了积极作用。但是,公共交通作为城市基础服务性行业,公益属性十分显著,而社会资本进入公共交通市场以后,由于其逐利性特征,导致行业公益性服务目标与企业经济效益目标之间难以形成平衡点。特别在公共汽(电)车行业,部分运营企业为提高经济效益,违规经营的现象时有发生,社会责任和服务意识趋于弱化。而运营主体过多,市场过于分散,经济成分过于复杂,又进一步加剧了公共交通行业市场竞争过度无序的局面。

为此,2005年国务院办公厅在转发相关部委《关于优先发展城市公共交通的意见》的通知(国办发[2005]46号)中明确提出,要有序开放我国城市公共交通市场,实施特许经营制度,逐步形成"国有主导、多方参与、规模经营、有序竞争"的市场运营格局。

当前，我国城市公共交通市场运营格局立足行业管理和规范，具有以下经济社会特性：一是整体网络性。城市公共交通只有依托布局合理、功能清晰的整体性运行线网，才能科学配置运能，实现社会服务效率与效益最大化。二是规模经济性。即随着公共交通企业规模的扩大，企业的运行成本会逐渐降低。在公益性低票价政策环境下，实行国有主导、相对集中的集团化经营方式，强调企业的规模经济性，其必要性更加突出。三是普遍服务性。即公共交通服务是政府应该为人民群众平等提供的最基本的公共服务，需要保证服务的稳定性、质量的可靠性和可信赖性等。这就需要克服社会资本的功利性，主要由国有资本承担普遍服务职能。四是适度竞争性。在具有显著公益属性的公共交通行业，市场化运作中的竞争，不能主要强调经济效益的竞争，应集中于服务质量、成本控制、运营效率与确保营收等方面的有序的适度竞争。

上海公共交通运营体制改革如专栏6-4所示。

专栏6-4：上海推进第三轮公共交通运营体制改革

在1996年、2002年两轮改革的基础上，2009年3月上海市政府转发了《进一步深化本市公交改革的方案》，全面推进"公共交通优先"战略，根据"国有主导、多方参与、规范经营、有序竞争"的总体要求，坚持完善行业公益性与运作市场化相结合的机制，以优化经营结构为重点，深化公共交通体制改革，加大政府扶持力度，进一步突出行业公益性；以提高运行效率和服务水平为目标，强化政府监管，降低运营成本，进一步完善市场化运作机制，为世博会的成功举办以及广大市民群众出行提供更加快捷、安全、方便、舒适的公共交通服务。

深化改革，促进了行业发展。通过完善公共交通体制改革，国有主导、区域经营格局基本形成；通过确定专项扶持资金，公共交通行业公益性投入基本得到保障；通过加快车辆更新报废政策，车容车貌和安全环保性能得到改善；通过扩大优惠换乘等惠民措施，市民平均出行成本有所下降；通过实施标准规范，服务水平逐步提高；通过建立工资正常增长机制，职工队伍吸引力开始显现。

第四节 城市公共交通运营管理信息化的应用与发展

1. 行业信息化的主要功能需求

我国公共交通信息化的建设总体上要满足行业监管、应急指挥、决策辅助和服务信息等主要功能需求。当前,应重点突出日常运营保障监管功能,以及为推行行业成本监审、实施政府财政扶持、优化公共交通线网等政府决策提供数据支撑功能。

1) 公共交通运营保障监管功能

主要包括:一是运营服务监管。通过车载采集终端实时了解公共交通运营车辆的运行状态、服务供应情况、安全状况,进行动态监管和评估,提高服务供应保障和安全预控水平。二是企业经营行为监管。一方面,收集和分析行业管理对象的违法、违纪和行政复诉等情况,加强有针对性的监管与执法,提高现场监管能力和执法效率,实现公共交通执法的指挥调度、移动执法和案件稽查等功能。另一方面,通过收集和分析服务满意度、乘客投诉、服务规范等服务质量和市场经营行为规范化程度相关指标,加强企业诚信监管。

2) 重要决策数据支撑功能

主要包括:一是运营效益分析。对公共交通票价水平和结构、企业运营成本与收益、运营效率进行分析,为形成科学合理的公共交通票价体系、提高运营效率及为政府对扶持政策的制定提供决策依据。二是行业发展趋势分析。基于对公共交通行业总量规模及结构进行分析,研究市场规律和变化态势,对行业发展趋势进行预测,为公共交通政策制定、中长期规划的制订、宏观调控和结构调整等提供依据。三是市场供需分析。从总量规模、结构、区域分布上对比分析行业服务供应能力与市场需求,从而为改善供需关系而进行运能增减、线路调整、场站布局调整等决策提供依据。

2. 公共交通信息化系统的应用现状

1) 服务信息管理系统

(1) 公共交通乘客信息问询系统。该系统通过公共交通查询热线等手段,利用计算机数据库,为乘客提供始发地与目的地的信息,通过扩展、配对、优选,为乘客提供相关线路的换乘方案,方便乘客出行。

(2)公交IC卡工程。目前公交IC卡工程已在全国范围内大范围推广,以上海为例。根据上海市信息港建设目标,公交IC卡已纳入上海市"金卡"工程。目前上海市的"交通一卡通"可在公共交通车辆、地铁、轻轨、轮渡和出租车上使用。由于公交卡进行分行业票务结算,在结算的同时,还可获得线路、车辆数、日期、票价等相关运营资料,为运营管理提供了信息。

(3)公共交通车辆调度电子显示屏。公共交通车辆调度电子显示屏显示线路名、发车方向、本班车及下班车的车号、发车时间以及广告语等信息,可以达到方便乘客和减少噪声的目的。

2)智能化调度管理系统

(1)公共交通枢纽站调度系统。该系统由车辆自动识别系统、计算机调度管理系统、电子显示屏系统和摄像监控广播系统组成。当车辆通过枢纽站进口处,进口处正上方的车辆监测读卡机,将车辆上非接触式IC卡内储卡的线路名、车号、人员工号、姓名、车辆到达时间等信息传送进入计算机调度管理系统,计算机将信息与输入计算机内的线路行车时刻表进行对照,做出自动或人工干预调度的选择,然后将发车时间、车号等信息传送到电子显示屏向乘客与行车人员告知,做到准时发车。

(2)卫星定位调度系统。这个系统利用全球移动定位系统、GPS全球卫星定位系统和GIS电子地图系统,通过高速寻呼、短消息和移动电视等,建立和组合成城市公共交通调度系统。车辆行驶过程中,该系统借助GPS与无线电通信装置,实现调度员对线路车辆位置与状况的实时监控以及与运营车辆驾驶员的语音沟通,提高了现场指挥能力和运营效率。

(3)公共汽(电)车车载信息管理系统。公共汽(电)车车载信息管理系统由公交车车载信息采集装置、驾乘人员的个人IC管理卡、终点站的计算机系统和IC卡读写器等组成。在运营过程中,通过车辆的内置路码表,记录运营过程中的各种数据,如运营时间、地点、停车、关门、车速、运营里程和空驶里程等,对超速行驶和车辆起步不关门等非正常运营情况进行报警提示并记录,发挥运行监控、安全监控、信息发布等功能。

3. 行业管理信息化的发展方向

随着我国公共交通的进一步发展,行业管理的信息化建设主要有以下几方面的发展重点。

(1)建设面向不同层级城市公共交通行业管理机构的行业管理信息系统和面向公众的客运信息服务体系,逐步融合城市公共交通、公路、水路、铁路、民航等方式的交通信息,初步实现向社会提供全方位、多方式、跨地区的一站式客运信息查询服务。

(2)建设城市公共交通综合信息平台,涵盖地面公共交通、轨道交通、公共自行车等多种方式,实现城市公共交通安全应急保障、城市公共交通综合智能调度、公共交通运营车辆监控、公交 IC 卡收费结算、互动式乘客出行信息服务等多项功能,不断优化公共交通系统运营管理。

(3)加快城市公共交通节能环保技术、车辆身份自动识别技术、车辆检测与监控技术、智能调度技术以及先进的信息服务技术等的研发与应用。

(4)统筹规划全国城市公共交通行业智能化发展框架,建设国家城市公共交通数据库,加快国家级、省市级城市公共交通数据标准体系和智能化标准体系建设,初步建成以中心城市为节点的国家级城市公共交通运行状态监测平台。

第七章　城市公共交通服务评价

为广大公众提供快捷、安全、方便、舒适的城市公共交通服务是城市公共交通发展水平的直接体现,是提高城市公共交通吸引力的重要途径。城市公共交通服务是由网络化的基础设施、现代化的运输装备、智能化的信息平台、综合化的管理体制以及人性化的运输服务共同协调完成。

城市公共交通服务评价是对城市公共交通服务水平的客观判别,是政府对公共交通行业实施监管的重要抓手。按照评价对象的不同,城市公共交通服务评价可分为对政府提供公共交通整体服务水平的评价和对企业公共交通运营服务水平的评价。对政府评价的主要目的是科学监督和引导政府进一步落实城市公共交通优先发展战略,从而提升城市总体竞争力和城市可持续发展的能力。对企业评价的主要目的是引导和促进城市公共交通服务水平的提升,提高城市公共交通的吸引力,使百姓愿意乘公交、更多乘公交。

第一节　城市公共交通服务评价指标

城市公共交通服务评价指标通常可包括六个方面,即便捷性、安全性、舒适性、可靠性、满意度、节能环保性。

1. 便捷性指标

便捷性指标包括站点覆盖率、网络密度、换乘距离、平均换乘系数、班次时间间隔、平均行程车速、乘客站点平均等待时间、信息化服务水平等,其中站点覆盖率、网络密度、换乘距离、平均换乘系数在第一章第四节已作过详细阐述,此处不再赘述。

1)班次时间间隔

指标含义:线路周转时间/配车数。

指标说明:在首站连续发出的某线路班次的平均时间间隔,服务间隔一般按照周转时间与配车数确定,并且区分高峰和平峰时段。

单位:分钟。

2) 平均行程车速

指标含义:所有公共交通车辆每日运行里程之和/车辆总行程时间之和。

指标说明:城市公共交通车辆的平均行程车速是反映城市公共交通运行状况及其便捷性的指标。行程车速是指车辆通过某段道路的长度与通过该条道路所需的总时间之比(包括中间停车时间和延误时间),平均行程车速是所测车辆样本行程速度的算术平均值。

单位:公里/小时。

3) 乘客站点平均等待时间

指标含义:乘客到达公共交通车站起至上车的平均等待时间。

指标说明:反映乘车便利程度。指定站点的乘客平均等待时间是给定时间段内乘客等待时间的平均值。对一次出行而言,乘客平均等待时间可以估算为:

$$乘客平均等待时间 = \frac{行车间隔时间}{2} \times (1 + 每次出行平均换乘次数)$$

单位:分钟。

4) 信息化服务水平

指标含义:指公共交通运营线路为乘客提供便捷的信息服务水平。

指标说明:公共交通运营线路安装乘客信息系统(公共交通出行服务查询、公共交通车辆位置、时间信息提示系统等,主要安装于公共交通站点)体现了公共交通服务的现代化水平。

2. 安全性指标

1) 突发事件应急预案

指标含义:指是否制订了为应对突发事件的应急保障措施。

指标说明:完善的突发事件应急预案管理可以在发生突发事件后及时响应,有效组织救援,最大限度地保证生命财产安全,是行业安全管理水平的重要标志。

2) 安全行驶间隔里程

指标含义:公共交通车辆年度行驶总里程/当年行车责任事故次数。

指标说明:公共交通车辆安全运行间隔里程是反映城市公共交通系统性能的重要指标,也是行业安全生产管理及提高城市公共交通运输服务水平的重要体现。

单位:万公里/次。

3) 行车责任事故率

指标含义:年度责任事故总数/运营车辆总数。

指标说明:行车责任事故率是反映运营安全水平的重要指标,该指标数值越低,说明车辆的运营安全水平越高。

单位:次/车。

3. 舒适性指标

1) 高峰小时平均满载率

指标含义:在高峰小时内,通过最大客流断面的各车次乘客数之和与车辆的额定载客量之和之比。

指标说明:该指标反映乘车环境的拥挤程度,是衡量公共交通服务舒适性的重要指标。

单位:%。

2) 全日线路平均满载率

指标含义:单位标台车辆单日载客量/单位标台车辆额定载客量×100%。

指标说明:客流的全日线路平均满载率是指某线路全日供应所提供的运能与实际乘客需求量的比例关系。

单位:%

3) 座位容量百分比

指标含义:单位标台车辆座位数/单位标台车辆额定载客量×100%。

指标说明:该指标是公共交通服务舒适性的重要指标。

单位:%。

4) 车厢服务合格率

指标含义:指被检车辆车厢服务合格车辆数/被检车辆总数×100%。抽查数量不少于30%的线路和20%的运营车。

指标说明:该指标值的大小反映了乘客乘车过程中的舒适程度,是服务水平的重要指标。

单位:%。

4. 可靠性指标(准点率)

指标含义:一定时期内反映运营车辆按规定时间准点到站运行的程度。此指标根据到站情况分为发车正点率、行车准点率和终点站准点率。

指标说明:是反映公共交通服务可靠性的重要指标。

单位:%。

1) 发车正点率

指运营车辆在运营线路上整点发车的次数与全部发车次数之比。正点率≥98%为优秀,<80%为不合格。一般情况下,采用首末站班次准点率和全日准点发车率。

2) 行车准点率

指统计期内,运营车辆正点运行次数/全部行车次数之比。许多市民选乘公共交通车辆上班的重要条件是行车准点率。

3) 终点站准点率

运营车辆在终点站按计划时刻表准点到达的次数占总行车次数的比例。

5. 满意度指标

1) 乘客满意度

指标含义:对公共交通服务质量满意和比较满意的乘客数/被调查的乘客数×100%。随机调查不少于20%的运营线路,每条线路收回问卷不少于200张。

指标说明:乘客满意度是反映公共交通服务水平的重要指标。该项指标越高,反映公共交通服务越好。

单位:%。

2）乘客投诉办理满意率

指标含义：年度乘客投诉办理并得到满意答复的件数/乘客年度投诉件数×100%。

指标说明：乘客投诉处理满意率是反映公共交通服务水平的重要指标。该项指标越高，反映公共交通服务越好。

单位：%。

6. 节能环保性指标

1）国Ⅲ以上标准车比例

指标含义：国Ⅲ以上排放标准车辆数/公共交通车辆总数×100%。

指标说明：反映公共交通车辆装备在节能环保方面的水平。

单位：%。

2）清洁能源车辆比例

指标含义：使用混合动力、纯电动、燃料电池等清洁能源车辆数/公共交通总车辆数×100%。

指标说明：反映公共交通车辆装备在节能环保方面的重要指标。

单位：%。

3）百公里能源消耗

指标含义：年度公共交通车辆消耗的能源总量/年度运营总里程。

指标说明：百公里能源消耗是反映公共交通车辆节能环保的重要指标。

单位：升/标台、立方米/标台。

第二节　城市公共交通服务评价方法

城市公共交通服务评价方法通常可分为四类：第一类是常规的综合评价方法，有总分评定法、指数综合法、最优距离法和功效系数法等。第二类是以数理为基础的理论和方法，以数学理论和解析方法对评价系统进行严密的定量描述和计算，包括模糊分析法、灰色系统分析法、技术经济分析法、层次分析法等。第三类是以统计为主的理论和方法，通过统计数据，对指标数据进行转化，得出大样本数据下对评价对象的综合认识，包括各种多元统计方法。第四类是重现决策支持的方法，计算机系统仿真技术是其中的有效方法,如神经网络技术等。

目前,常用的方法有:德尔菲法、主成分分析法、模糊综合评判法、层次分析法、聚类分析法和灰色关联度法等。

1. 德尔菲法

德尔菲法即专家咨询法,就是对复杂的决策问题在评价过程中征求和收集有关专家的意见,通过规范化程序,从中提取出最一致的信息,利用专家的知识、经验来对系统进行评价。采用德尔菲法专家成员的人数,一般以二十到五十人为宜,并且不要求成员面对面的接触,仅靠成员的书面反映。德尔菲法是对专家成员的意见进行统计处理、归纳和综合,然后进行多次信息反馈,使成员意见逐步集中,从而作出群的比较正确的判断。

2. 主成分分析法

主成分分析法是采用降维的方法将多个指标化为少数几个综合指标的一种统计分析方法。主成分分析也称主分量分析,旨在利用降维的思想,把多指标转化为少数几个综合指标。在实证问题研究中,为了全面、系统地分析问题,必须考虑众多影响因素。这些涉及的因素一般称为指标,在多元统计分析中也称为变量。因为每个变量都在不同程度上反映了所研究问题的某些信息,并且指标之间彼此有一定的相关性,因而所得的统计数据反映的信息在一定程度上有重叠。在用统计方法研究多变量问题时,变量太多会增加计算量和增加分析问题的复杂性,人们希望在进行定量分析的过程中,涉及的变量较少,得到的信息量较多。主成分分析正是适应这一要求产生的,是解决这类问题的理想工具。

主成分分析法是一种数学变换的方法,它把给定的一组相关变量通过线性变换转成另一组不相关的变量,这些新的变量按照方差依次递减的顺序排列。在数学变换中保持变量的总方差不变,使第一变量具有最大的方差,称为第一主成分,第二变量的方差次大,并且和第一变量不相关,称为第二主成分。以此类推,一个变量就有一个主成分。

3. 模糊综合评判法

模糊综合评判法是应用模糊数学的基本原理来考察无法定量化的评价

对象(项目)的一种综合评判方法。该综合评价法根据模糊数学的隶属度理论把定性评价转化为定量评价,即用模糊数学对受到多种因素制约的事物或对象作出一个总体的评价。它具有结果清晰,系统性强的特点,能较好地解决模糊的、难以量化的问题,适合各种非确定性问题的解决。

4. 层次分析法

层次分析法是由美国运筹学家,匹兹堡大学萨提教授在20世纪70年代末提出的,1988年在中国召开了第一届层次分析法国际学术会议。层次分析法具有系统、灵活、简便以及定性与定量分析相结合的特点,特别是能将决策者的经验判断给予量化,对判断目标结构复杂且缺乏必要的数据的情况更实用。近20多年来,层次分析法在国内外的各行各业中得到广泛的应用,成为使用最多的一种多目标决策分析方法。

利用层次分析法可处理复杂的社会、政治、经济、技术等方面的决策问题。通过层次分析法的基本过程是:把复杂问题分解成各个组成元素,按支配关系将这些元素分组、分层,形成有序的递阶层次结构,在此基础上通过两两比较的方式判断各层次中诸元素的重要性,然后综合这些判断,计算单准则排序和层次总排序,从而确定诸元素在决策中的权重。这一过程是人们决策思维的基本特征,即分解、判断、再综合。在掌握一些简单的数学知识后,决策者可以自己采用层次分析法进行决策,因此,这种方法透明性很高,评价人员与决策者能很好地沟通。

5. 聚类分析法

聚类分析也称群分析、点群分析,是研究分类的一种多元统计方法。从统计学的观点看,聚类分析是通过数据建模简化数据的一种方法。传统的统计聚类分析方法包括系统聚类法、分解法、加入法、动态聚类法、有序样品聚类、有重叠聚类和模糊聚类等。从实际应用的角度看,聚类分析是数据挖掘的主要任务之一。就数据挖掘功能而言,聚类能够作为一个独立的工具获得数据的分布状况,观察每一簇数据的特征,集中对特定的聚簇集合作进一步分析。聚类分析还可以作为其他数据挖掘任务(如分类、关联规则)的预处理步骤。聚类分析是数据挖掘中的一个很活跃的研究领域,并提出了许多聚类算法。这些算法可以被分为划分方法、层次方法、基于密度方法、基于网格方法和基于模型方法。

6. 灰色关联度法

灰色关联度法是依据各因素数列曲线形状的接近程度做发展态势的分析。灰色系统理论提出了对各子系统进行灰色关联度分析的概念,意图透过一定的方法,去寻求系统中各子系统(或因素)之间的数值关系。简言之,灰色关联度分析的意义是指在系统发展过程中,如果两个因素变化的态势是一致的,即同步变化程度较高,则可以认为两者关联度较大;反之,则两者关联度较小。因此,灰色关联度分析对于一个系统发展变化态势提供了量化的度量,非常适合动态的历程分析。灰色关联度可分成"局部性灰色关联度"与"整体性灰色关联度"两类。主要的差别在于局部性灰色关联度有一参考序列,而整体性灰色关联度是任一序列均可为参考序列。

第三节 城市公共交通服务评价实施机制

城市公共交通服务评价的实施是推动城市公共交通服务评价工作、落实城市政府对公共交通服务监管的关键。评价实施机制的好坏直接影响到服务评价的效果和结果。

一般来说,城市公共交通服务评价可分为对政府公共交通发展水平评价和对公共交通运营服务水平评价,两者的评价实施机制有所不同。

1. 政府公共交通发展水平评价

1) 机构设置及职责

成立国家层面或省层面城市公共交通服务评价领导小组,组织开展对城市公共交通服务水平进行评价,并将考核结果向社会公告。

2) 评价流程

城市公共交通发展水平评价由城市政府组织初评,组织力量实施相关数据核对、文档汇总和自评等工作,对初评结果进行总结并报上级政府,由上级政府组织复评,复评结果报国家级评价小组。评价小组通过听取汇报、查阅资料、实地检查、征求群众意见等方法,对各城市的实施情况进行抽查核实。每个阶段都有严格的审查、审核的组织和技术保障。

3）评价考核结果的运用

城市公共交通服务水平评价结果可用于如下方面：

（1）了解城市公共交通发展存在的现状和问题。

（2）为城市公共交通行业管理机构制定行业标准、规范、法规等提供依据。

（3）为引导城市公共交通科学发展，提高城市公共交通整体形象和吸引力提供依据。

2. 公共交通企业运营服务水平评价

1）工作机构及职责

公共交通企业运营服务水平评价可通过建立多渠道服务质量评价反馈和监管来实施，如成立公共交通企业运营服务水平评价委员会，主要负责服务质量考核结果的审查和认定以及对经营者提出的异议进行裁定。委员会由城市公共交通行业管理机构人员、行业专家、媒体和市民代表等组成。委员会主任由委员选举产生，负责主持考核工作。考核委员会下设考核工作小组，主要负责完成考核资料的收集、资料审查及考核的初评工作。考核工作小组的人员主要由城市公共交通行业管理机构的相关人员组成。委员会的主要职责为起草考核评价流程及操作规范，定期开展质量调查和评价，对公共交通企业提出改进服务建议。

2）评价流程

公共交通企业运营服务水平评价流程主要经过初评和最终评议两个阶段，初评的主要责任主体是评价工作小组，最终评议的责任主体为评价委员会。由企业、第三方测评机构等报送的评价资料，经考核小组预审后，作为第三方机构出具调研报告的重要数据来源。第三方测评机构的调研报告经审查核实后，由评价工作小组形成初评结果并报送评价委员会，评价委员会对初评结果进行严格审查、认定后，其评价结果由城市公共交通行业管理机构向社会公布，并征询企业意见，若企业有异议提出申诉并经评价委员会认定，则须重新进行评价。

深圳巴士集团运营服务水平评价考核流程如专栏7-1中图7-1所示。

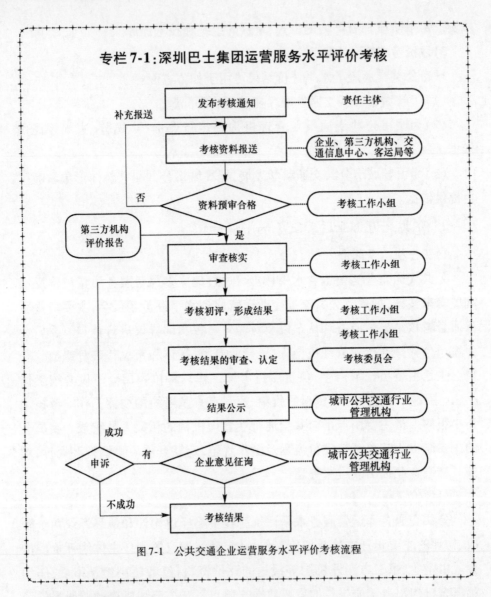

图 7-1 公共交通企业运营服务水平评价考核流程

3) 第三方测评

城市公共交通行业管理机构通过公开招标或竞争性谈判选定社会第三方中介机构，按照公平、公正原则，依据企业服务评价指标对各公共交通企业的服务质量进行定期测评，出具评估报告，并对提供报告的真实性、准确性负责。评价工作小组根据评估报告进行评分。

4) 评价结果发布形式

评价委员会确定评价结果后报送城市公共交通行业管理机构,通过网络及相关媒体对评价结果予以公示。如经营者对评价结果有异议,可在规定的时间范围内向城市公共交通行业管理机构申请重新评价,评价委员会决定是否重新进行评价,并向经营者说明理由。

5) 评价结果的运用

评价是手段,结果运用是目的。城市公共交通企业服务水平评价结果可运用到经济补贴、激励与约束中,发挥经济杠杆对企业的激励约束作用;可运用到公共交通经营企业的市场准入与退出机制中;也可运用到精神激励中。引导公共交通企业落实"公共交通优先、公共交通优秀"同实现公共交通企业经营效益和价值结合起来,要把评价结果作为公共交通经营者评先创优的依据。

第八章 城市公共交通运营安全与应急管理

城市公共交通安全与应急管理贯穿于公共交通运营服务的全过程,包括对公共交通场站、车辆等服务设施及轨道交通安全保护区等安全区域的监督管理。日常安全监管主要是根据管理内容和范围,通过建立和完善一整套有效的安全监管体制与机制而实施的一种常态性、基础性的行业安全管理方式,其主要目的在于对安全事件或事故的有效预防。应急管理是在公共交通安全事件或事故发生后,通过实施应急预案,快速启动应急响应机制,迅速调集各类资源疏解客流,有序开展事故处置活动的一种紧急状态下的非常态的行业安全管理方式,其主要目标是最大限度地降低事件或事故的损失或危害,减少社会影响。

公共交通企业是公共交通安全与应急管理中的责任主体,城市公共交通行业管理机构主要承担监督管理职责,是监管主体。

第一节 管理职责

1. 划分依据

为加强城市公共交通安全与应急管理工作,国家相关职能管理部门十分重视行业安全管理政策法规的建设。2006年,建设部颁布了《国家处置城市地铁事故灾难应急预案》,提出了我国城市地铁(包括轻轨)发生的特别重大事故灾难应急预案。

各省市在地方性法规和政府规章中也对公共交通的安全监管进行了一系列的制度设计。在公共汽(电)车行业,通常在地方性法规或规章中都对行业安全与应急监管作出相应规定,例如《上海市公共汽车和电车客运管理条例》(2010年修订)、《广州市公共汽车电车客运管理条例》(2009年修订)等均有安全监督和应急管理的具体条款。在轨道交通行业,有关城市在轨道交通管理法规中设有安全与应急监管方面的内容,而且不少还专门颁布了轨道交通安全与应急监管的政府规章和行政规范性文件,例如《北京市城市轨道交通安全运营管理办法》(2009年6月第二次修改),《北京市轨道交通运营突发事件应急预案》(2007年修订),《成都市城市轨道交通运营管理办法》(2010年9月20日起施行),《广东省处置城市地铁事故灾难应急预案》(2010年6月25日起施行),《上海市轨道交通运营安全管理办法》(2010年3月1日起施行),《上海市轨道交通运营安全事故处置暂行规定》(2010年11月8日起施行)等。

上述城市公共交通安全与应急监管所涉及的政策法规主要包括行业安全监管的范围、政府和企业在行业安全和应急管理中的机构设置和职责分工、公共交通突发事件或事故灾难的应急处置、安全事故的法律责任追究等内容。

2. 职责分工

公共交通安全与应急管理涉及不同政府职能部门,城市人民政府应当加强对城市公共交通安全监督管理工作的领导,督促有关部门依法履行城市公共交通安全监督管理职责,保证相关部门分工明确、职责到位以及各部门间的协调联动。

不同城市的公共交通安全与应急监管的机构设置和职能分工不完全一致,但基本上包括以下主要职能部门。

1) 城市公共交通行业管理机构

负责行业日常安全监督检查,指导公共交通企业安全与应急管理工作,根据公共交通安全与应急处置的实际需要,建立跨区域协作机制,协同应对超越管辖区域的交通运输安全事故,建立安全事故应急预案体系,编制和发布应急预案,聘请有关专家组成专家组,为公共交通安全与应急的管理和处置工作提供咨询、建议。

2) 公安部门

负责公共交通安全违法犯罪活动的预防和查处,负责公共交通安全事故或突发事件发生时的现场秩序维持,预防、制止和侦查处置过程中发生的违法犯罪行为,协助进行人员疏散,事后协助有关机构调查事故或突发事件原因,查处相关责任人。

3) 安全生产监督部门

指导、协调检查和督促有关部门依法履行公共交通安全生产工作职责,组织实施安全生产目标责任制管理和考核等相关工作;组织指挥专业抢险队伍,对公共交通安全生产突发事故进行抢险救援;负责组织安全生产专家组,对公共交通安全生产突发事件进行调查和处理。

4) 质量技术监督部门

负责对公共交通运营车辆安全技术检验设备进行检定校标,对公共交通运营企业执行国家机动车安全技术检验标准情况进行监督检查;会同有关部门组织修订涉及公共交通安全相关的地方标准。

5) 财政部门

负责审批、安排公共交通安全事故或突发事件救援、善后处置和公共交通设施工程修复所需的资金。

6) 宣传部门

负责组织城市新闻媒体进行安全与应急相关知识的宣传,进行公共交通安全事故的新闻发布和宣传报道等工作,组织对较大的公共交通事故或突发事件处置情况的新闻发布工作,加强对互联网公共交通安全与应急信息的管理等。

第二节　日常安全监管

1. 监管对象和内容

加强日常安全监管是确保公共交通运营安全的基础。城市公共交通行业管理机构对于公共交通的日常安全管理,主要包括运营服务设施设备、安全保障设施设备、驾乘人员服务操作、乘客乘车行为等方面的安全监管内容。

1) 服务设施设备安全管理

公共交通运营设施设备安全管理包括运营车辆及其内部服务设施、公共交通场站及其内部配套设施等管理。例如,在公共交通运营车辆及其车内服务设施安全管理方面,《上海市公共汽车和电车客运服务规范》规定，公共交通运营车辆性能应当符合《公交客车通用技术要求》(DB31/T 306—2008)，车辆安全服务设施，如车内扶手柱和拉手杆、安全消防设施等须符合《上海市公共汽车和电车车辆服务设施和标志管理规定》等的安装要求。

2) 安全保障设施设备管理

公共交通安全保障设施主要包括报警、灭火、逃生、防汛、防爆、紧急疏散照明、应急通信、应急诱导系统等应急设施、设备和安全、消防、人员疏散导向等标志以及视频安全监控系统等。这些安全设施设备的规范配置，对于防范和应对公共交通安全事故十分必要。因此，目前，在我国主要城市的公共交通安全管理政策法规中均有相关管理要求。

3) 驾乘人员安全服务操作规范管理

性能完好、配备齐全的公共交通设施设备是公共交通运营安全的前提和基础。同时，驾乘人员对于设施设备操作的规范、合理与否更直接影响到日常运营服务的安全。因此，加强对公共交通驾乘人员安全服务操作规范的管理，是公共交通日常安全管理的重要内容。例如我国许多城市在公共交通相关管理法规中，都对驾驶员作出了出车前严禁饮酒、班前应保证充足的睡眠和休息、不得疲劳驾驶、按规定车速行驶、保持安全车距等多条操作规范要求；对乘务员提出了维持乘车秩序、配合驾驶员开关车门、防止夹伤乘客等安全服务规定。

4) 乘客安全乘车行为管理

城市公共交通是一个完全开放的社会服务系统，保证公共交通的运营服务安全，既是运营企业和政府主管部门的职责，也是每一位乘客的义务。乘客的乘车行为是否文明、有序、合理，将直接影响到公共交通运营安全。因此，为规范乘客日常乘车行为，我国许多城市公共交通行业管理机构都制定了公共交通乘客乘坐规则和其他约束乘客乘车行为的规定，如不得携带易燃易爆物品等。

2. 主要监管方法

城市公共交通行业管理机构对安全运营的监管主要是通过制定安全规范和标准，指导企业切实履行安全管理职能，完善安全监督检查的工作机制,加强安全宣传教育等方法实现。

1) 制定公共交通运营安全规范和标准

制定公共交通运营安全管理规范和标准,是引导我国城市公共交通安全有序运营服务的重要抓手。这些规范与标准主要包括:公共交通人员日常运营服务安全操作规范、设施设备的安全标准、安全乘车规则等。

2) 规范公共交通企业加强安全管理

指导企业切实履行好运营安全管理的主体责任,特别是要加强运营企业安全管理的制度建设,其中包括:建立企业安全生产管理机构、配备专职安全生产管理人员、保证安全运营管理资金投入、制定安全运营规章制度和操作规程、建立安全运营风险评估和隐患排查治理制度、制订公共交通安全保护区作业安全防护方案等。

3) 完善日常安全管理措施落实情况监督检查的工作机制

特别是要建立健全城市公共交通行业管理机构的安全监督管理机构,加强安全监督执法检查队伍,督促企业健全安全生产管理责任制,加强城市公共交通运营安全动态监管,经常开展安全检查,消除事故隐患。例如,《上海市轨道交通运营安全管理办法》第二十条规定:市安全生产监督、交通等相关行政管理部门应当依法对轨道交通运营安全情况实施监督检查。市安全生产监督、交通等相关行政管理部门的执法人员实施检查时,应当将检查的时间、地点、内容、发现的问题及处理情况做好书面记录。

4) 加强公共交通安全的宣传教育和培训工作

作为开放性的公共服务系统,城市公共交通安全管理需要全体社会成员的共同努力。因此,一方面,城市人民政府交通、教育、公安等有关部门以及公共交通企业应当加强安全乘车、安全与应急知识的宣传教育工作,普及城市公共交通安全与应急知识,增强市民、乘客的公共交通安全意识;另一方面,公共交通企业应加强对驾驶员、乘务员、调度员等运营服务人员安全服务意识和岗位服务操作技能的培训。

香港运输署对巴士的安全督查情况如专栏8-1所示。

> **专栏 8-1：香港运输署对巴士实行严格安全督查**
>
> 　　为了促使公共交通车辆保证良好的车况，香港运输署每天派专人对巴士公司正在运营的车辆进行抽检，平均每天随机抽检 14 辆巴士车辆（年抽检率达到 50%），利用巴士公司自己的车辆检测厂对车辆进行全面检测（包括底盘号码、轮胎、车辆结构、操控装置、制动系统、烟雾测试、照明系统、转向系统、悬架系统、排气系统及安全带、护栏等其他项目），如发现问题，根据相关规定进行处罚。对车辆的检验还有类型评定检验（如车厢内的长、宽、高、座位间距、数量、站立人数限制等）、车辆稳定性测试（载质量、斜坡稳定性等）、登记前检验、年检，以及检查巴士公司的维修标准和保养计划等程序。
>
> 　　为确保车长有足够的休息时间，运输署还为巴士公司制订车长工作时间计划（规定每天的工作时间和休息时间），并随时检查。严格的车辆检验制度有效地促进了巴士公司对车辆的保养和维修。
>
> 　　此外，运输署还要求巴士公司在巴士车辆内提供各种安全设施，例如紧急出口、安全信道、防滑地板、高靠背座椅、足够的扶手和在没有遮挡的乘客座椅装有安全带等；经常检查及提供更多的车辆安全装置，以提升行车安全；与各巴士公司管理层定期举行会议，通报巴士车辆安全检查结果，并研讨有关巴士车辆的安全事宜。还与警务处合作，定期（1 年 5 次）为驾驶员举行道路安全研讨会，以加强驾驶员的安全驾驶意识。

第三节　应　急　管　理

1. 应急预案

1）预案的分类

　　公共交通安全与应急预案一般包括管理类应急预案和处置类预案。管理类应急预案适用于政府行政管理部门，处置类应急预案适用于公共交通运营企业。例如《北京市轨道交通运营突发事件应急预案》规定，公共交通安全与应急预案包括管理类应急预案和处置类应急预案。管理类应急预案是指由城市公共交通安全与应急指挥部门为应对城市公共交通运营事故或突发事件而制订的，涉及若干部门职责的专项应急预案或部门应急预案。处置类预案是指由公共交通企业依据管理类预案规定的职责，结合本单位实际情况，为具体处置公共交通运营突发事件而制订的社会单元应急预案。政府行政部门制订管理类预案，并且监督和审查企业处置类预案的制订和实施。

2) 预案的主要内容

预案的内容一般包括总则（预案编制目的、编制依据、预案组成、事件等级、适用范围等）、组织机构与职责、预警预防机制（预警级别、预警发布和解除、预警响应等）、应急响应（分级响应、处置程序、应急结束等）、信息管理（信息报告程序、内容、信息发布和新闻报道）、后期处置（恢复重建、事故调查、善后处置、总结和调查评估等）、应急保障（技术通信保障、救援和装备保障、队伍保障、物资保障、资金保障等）。例如《广东省处置城市地铁事故灾难应急预案》的内容包括总则、分级标准、组织机构与职责、预警预防机制、应急响应、后期处置、保障措施等部分。

3) 预案运行流程

公共交通安全与应急指挥是通过已建立的集成化的应急体系和应急管理模式，依据预案实现全方位地对各种应急资源的实时调度，以达到减少损失和缩小影响范围等目的。主要包括预测预警、信息报送、应急决策和处置、信息发布、救援组织等几个基本环节，如图8-1所示。

2. 应急演习

1) 安全事故预防演习的必要性

安全事故预防演习可以切实增强安全发展理念；加强和完善事故防范

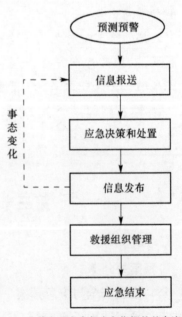

图8-1 公共交通安全与应急指挥的基本流程

与应急救援的联动机制;通过演习进一步落实相关单位的安全责任,进一步落实各相关部门依法行使安全监督与管理责任;提高各地、各部门应对公共交通突发事故的自救能力、联网联动能力、现场抢险能力、工作协调能力和事后控制能力。《国家处置城市地铁事故灾难应急预案》规定:"省级人民政府地铁事故灾难应急机构应每年组织一次应急演习,城市(含直辖市)人民政府应每半年组织一次应急演习"。《上海市处置轨道交通事故应急预案》规定:"市地铁抢险救灾指挥部要协同市应急联动中心适时组织指挥部各成员单位开展应急联动处置预案的综合演练。指挥部各成员单位特别是市公安局城市轨道交通分局和轨道交通运营单位要加强对应急处置单位的培训和训练,每年定期或不定期地开展应急演练,提高实战处置能力"。

2) 演习的组织分工

城市公共交通行业管理机构需与其他相关部门之间协调明确各自在公共交通安全与应急演习中的分工。一般而言,演习工作中应该成立以下几个工作小组。

(1)演习指挥小组,负责演习的组织领导工作,其成员主要包括分管安全的领导人和各相关部门的领导人。

(2)协调小组,负责演习总体方案的制订和演习具体事项的协调。

(3)操作小组,负责演习地点确定、演习科目设定、演习场景布置、施救方案模拟与技术指导、演习现场战斗和演习现场安全等。

(4)联络员小组,所有参加演习的部门和单位指定一名联络员,具体负责演习相关事项联络和宣传。

3) 事故假设与演习内容

演习是一种预防措施。针对尚未发生的事故,需要对事故进行假设以确定演习内容。

(1)事故假设是指假设可能发生的事故类型,包括地震、洪灾、滑坡、泥石流、风、雨、雪等自然灾害导致公共交通无法正常运营;城市公共交通系统运营车辆发生重大交通安全事故;城市公共交通出现大面积停运;调度、自动控制、营业等计算机系统遭受入侵、失控、毁坏;群体性事件导致公共交通无法正常运营等。

(2) 根据事故假设确定演习内容，包括事故现场应急救援工作指挥协调，对周围交通实施管制与警戒，控制和扑灭公共交通现场火灾，营救事故现场被困人员，相关救援部门救援装备启用与调集，事故现场周边群众疏散，事故现场气象服务等。

上海地铁开展公共安全突发事件应急处置演练情况如专栏 8-2 所示。

专栏 8-2：上海地铁举行公共安全突发事件应急处置演练

2009 年 10 月 13 日下午，上海地铁 2 号线运营方与上海市消防总队特勤支队携手在 2 号线世纪公园站站台、站厅开展公共安全突发事件应急处置演练。

演练开始，一位乘客违反规定携带危险品进站乘车，不慎"泄漏"并在 2 号线世纪公园站引起火情及产生大量烟雾，该乘客"灼伤"。面对突发火情，世纪公园站工作人员立即启动应急预案控制火情，并疏导客流。当接到车站报警后，消防队官员第一时间赶到现场采取扑救行动，救出"伤员"，并及时将爆炸可疑物转移至安全地带。

为保证演练效果，最小限度地影响乘客出行，地铁运营方特地将时间地点定在了客流非高峰时段以及客流相对较少的世纪公园站。当天地铁运营方还专门组织了 150 位志愿者参与演习。

上海地铁 2 号线运营方在世博会临近之际举办此次演练，目的是进一步提升轨道交通车站职工和武警消防官兵的协同作战能力，从而能及时有效地处置轨道交通车站内发生的火灾、爆炸等危及乘客人身安全的突发性事件。

---

3. 应急处置

1) 预案启动

先期处置。城市公共交通系统事故发生后，公共交通运营企业和公安部门立即启动先期处置应急工作预案，组织站内、车厢内乘客迅速疏散离站，交警部门在现场周边有关道路实施交通管制，保证抢险通道畅通。《北京市轨道交通运营突发事件应急预案》规定的先期处置措施主要包括:轨道交通运营企业和市公安局公交总队立即启动先期处置应急工作预案,组织站内、车厢内乘客迅速疏散离站。同时封闭车站出入口,劝阻乘客进入;轨道交通运营企业立即采取必要措施,阻止在线列车进入突发事件现场区域,防止发生次生灾害;市公安局交通管理局迅速部署警力,立即在现场周边有关道路实施交通管制,保证抢险通道畅通;市交通委调配公共交通车辆疏散乘客。

分级响应与应急指挥。根据事故大小,启动分级应急处理预案,依据安全与应急管理预案进行联动处置,及时调动相关人员、物资,采取响应行动,各相关部门接到通知后,立即赶赴现场,进行公共交通安全事故处理。例如《上海市处置轨道交通事故应急预案》中规定:Ⅰ、Ⅱ级应急响应,突发特大和重大轨道交通事故,由市地铁抢险救灾指挥部指挥长组织实施,各成员单位迅速到位,立即启动应急响应程序,必要时成立现场指挥部,统一指挥各专业抢险救灾队伍开展抢险救灾工作;Ⅲ、Ⅳ级应急响应,突发较大和一般轨道交通事故,由市地铁抢险救灾指挥部副指挥长或授权相关人员组织实施,必要时启动应急响应程序,通知有关成员单位迅速就位,并组织有关专业抢险救灾队伍开展抢险救灾。世博会期间,上海市又专门构建了轨道交通分级响应与应急指挥机制,如图8-2所示。

2) 应急处置的主要原则及方法

在启动公共交通安全与应急预案后所采取的应急处理措施要坚持以下几个原则:迅速组织抢险救援;协调联动处理事态;严格保护事故现场;服从统一指挥调度。

具体处置方法主要包括:迅速采取有效措施,组织抢救,防止事态扩大;严格保护事故现场;迅速派人赶赴事故现场,负责现场秩序维持和证据收集工作;服从统一部署和指挥,了解掌握事故情况,协调组织抢险救灾和调查处理事宜,并及时报告事态趋势及状况;因人员抢救、防止事态扩大、恢复生产以及疏通交通等原因,需要移动现场物件的,应当做好标记,采取拍照、摄影、绘图等方法详细记录事故现场原貌,妥善保存现场重要痕迹、物证等。

3) 应急处置的保障措施

为了确保安全与应急处置工作的顺利进行,需要借助一系列保障措施的落实。

这些保障措施主要包括技术通信保障、救援装备和物资保障、队伍保障、资金保障、医疗卫生保障、治安维护等。

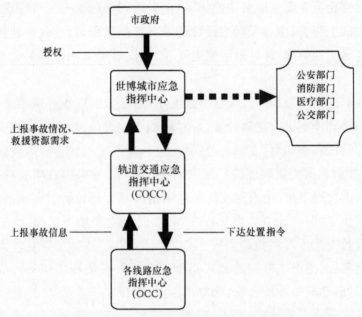

图 8-2 上海市世博会轨道交通安全应急架构图

（1）技术保障，加大对公共交通公共安全的监测、预测、预警、预防和应急处置技术研发的投入，不断改进技术装备，建立健全公共交通公共安全与应急技术平台，不断提高公共安全的技术水平，研制和开发适应公共交通特点的设备、装备，不断提高处置公共交通突发公共事件的能力；

（2）通信保障，建立和完善相关电信运营企业应急运营的设备和公共交通通信指挥系统的连接方案，保证应急处置过程中应急通信的畅通，建立和完善应急指挥基础信息数据库；

（3）救援装备和物资保障，公共交通安全与应急管理相关部门要配备现场救援和抢险装备、器材，并建立相应的维护、保养和调用等制度，建立救援和抢险装备信息数据库，并及时更新，以保障应急指挥调度的准确性，建立应急救援物资储备制度，确定救灾物资生产、储存、调拨体系和方案；

（4）队伍保障，需要组建由交通、公安、消防、卫生、市政等部门人员组成

的抢险救援队伍,必要时需要武警等后备力量加入;

(5)资金保障,公共交通安全事件发生后,根据实际情况调整部门支出预算,集中财力应对事件,经上级部门批准启动应急专项资金,必要时动用公共财政应急储备资金;

(6)医疗卫生保障,组织协调医护人员进行现场救护,负责运送伤员至医疗卫生机构救治,同时负责灾后疫情的防范和控制。事故处置结束后,要及时汇总上报人员抢救和伤亡情况;

(7)治安维护,突发公共交通事故发生后,立即封锁现场,实行交通管制;按照现场指挥部要求,维持现场治安秩序,并配合做好善后工作。例如《上海市处置轨道交通事故应急预案》规定的应急保障措施包括:队伍保障、物资保障、医疗卫生保障、交通运输保障、治安维护、通信保障、技术支持等。

4. 善后处理

1)事故原因调查

事故调查主体由事故等级或事故反应等级的大小决定。根据事故的具体情况,事故调查组按相关规定组成。事故调查组认为必要时,可以聘请有关专家参与事故调查,事故调查组成员应当具有事故调查所需要的知识和专长,并与所调查的事故没有直接利害关系。特别重大事故按照国家相关规定执行。重大事故、较大事故和其他社会影响恶劣的事故由城市市政府授权城市安全生产监督管理部门组织事故调查组进行调查。一般事故,由城市公共交通行业管理机构组织事故调查组或者委托事故发生单位组织事故调查组进行调查。例如,《广东省处置城市地铁事故灾难应急预案》规定:属于Ⅰ级响应行动的地铁事故灾难由国家领导小组牵头组成调查组进行调查;必要时,国务院可以直接组成调查组。属于Ⅱ级响应行动的地铁事故灾难调查工作由省应急指挥部牵头组成调查组;必要时,省人民政府可以直接组成调查组。属于Ⅲ级和Ⅳ级响应行动的地铁事故灾难调查工作由地铁所在地级以上市人民政府决定;必要时,省应急指挥部可以直接组成调查组。

2)事故责任追究

对负有事故责任的事故发生单位和有关人员应当依照法律、行政法规的规定和负责事故调查的人民政府批复进行处理,负有事故责任的人员涉嫌犯罪的,依法追究刑事责任。相关行政管理部门及其工作人员未依法履行城市公共交通安全监督管理职责的,或者对依法应当查处的违法行为不予查处的,由上级机关责令改正,对责任人员依法给予行政处分;构成犯罪的,依法追究刑事责任。例如,《国家处置城市地铁事故灾难应急预案》对于地铁事故的责任追究有明确的规定。

3) 总结报告

公共交通安全事故应急处理完毕后,有关部门应及时向应急处置指挥机构作出书面总结报告。并根据总结报告完善现有的安全与应急预防机制,不断提高公共交通安全与应急监管水平。城市公共交通行业管理机构和公安、安全生产监督等有关行政管理部门应当对事故发生单位落实防范和整改措施的情况进行监督检查。例如《北京市轨道交通运营突发事件应急预案》规定:轨道交通运营突发事件应急处置工作结束后,市交通安全与应急指挥部办公室组织相关成员单位、市轨道交通指挥中心及相关轨道交通运营企业,一周内完成应对工作情况的总结报告,并报市应急指挥办公室。

第九章 城市公共交通票制票价与补贴

票制是对票价结构整体上的安排,票价是消费者获取公共交通服务的直接支付,补贴则是政府补偿公共交通企业因政策性亏损所造成的经济损失。三者之间的关系非常紧密:一是票制票价的确定和发挥功效的影响因素极其复杂,它不仅涉及乘客、企业和政府三方,还涉及公共交通补贴;二是公共交通服务的公益性决定了票制票价要受到政府管制,票制票价需在保障企业合理成本得到补偿并维持企业可持续运营的前提下,使社会公众的福利最大化。实际上,城市公共交通票制票价和补贴政策是运用价格杠杆来影响乘客、公共交通企业和政府的决策行为,寻找公共财政支出、企业经营成本、市民承受能力三者的最佳平衡点,从而将城市公共交通系统甚至是城市交通效益最大化,最终实现公共资源利用效率和社会环境效益最优。

第一节 票 制

票制是票价制式的简称,是票价水平和比价关系的表现形式和调节手段,是票价整体结构的安排,票制应当与城市空间形态和规模、城市市民的消费水平、出行方式以及城乡客运一体化发展水平相适应。

1. 票制分类

公共交通票制可以从收费结构、乘客类型、需求频次等角度加以区分。在实际操作过程中,视城市实际情况不同,以上票制类型可以实施单一票制,也可以组合实施。一般来说,城市发展活跃、对外联系紧密、城市规模较大时,实施组合票制比较合理,相反则实施单一票制。

1) 按照收费结构区分制定公共交通票制

收费结构是指消费者单次获取公共交通服务时的计费形式,按照收费结构区分制定的票制主要有一票制、累进制和混合制三种形式。所谓一票制,指乘客的支付与乘坐距离无关,收取单一票价,规定持票人乘坐公共交通工具根据票面价格按次计算。一票制常见于运营里程较短的公共汽(电)车,我国城市的许多公交车收取1元、2元等不同额度的单一票价。所谓累进制,指票价中存在一个基础费用,可以乘坐一个相应的基础里程,超出此基础里程,需根据超出部分支付额外费用。累进制常见于一部分公共汽(电)车和大部分轨道交通的收费中,例如上海轨道交通现行票制起步费为3元,可以乘坐6公里的基础里程,超出此基础里程部分,以10公里为一个单位,累进收费。而混合票制主要包括公共汽(电)车与轨道交通的混合,公共汽(电)车之间的混合,轨道交通之间的混合这三种方式。单一票制具有售票简单、效率高的优点,但同时也存在公平性不足的问题;累进票制克服了单一票制的缺点,但手续较为繁琐,有时还需为此配备额外的人员以及设备;混合票制灵活,价格优惠,由于票价定价机制不同,易造成一定程度的票价混乱。

2) 以乘客类型区分的公共交通票制

以乘客类型区分的公共交通票制,首先要对乘客进行类型划分,划分的依据不尽相同,可以按照职业(或者社会身份)划分,也可以按照年龄划分,形成不同的乘客群体之后,再安排相应的票制,从而促成社会整体福利的改善,体现公共交通的公益性。

按年龄,可以划分为青年票、成年人票、老年人票等;按乘客的社会身份,可以划分为学生票、军人票、残疾人票等。上述两种票制可以同时使用,以北京为例,按社会身份划分,有学生卡和普通卡之分;按年龄划分,有成年人票和老年人票之分。

3) 以需求频次区分的公共交通票制

不同乘客对公共交通的需求不同,在现代公共交通票制下,可以根据需求的时间特征安排日票、周票、月票、季票、年票等,也可根据乘坐次数特征安排特殊类型的票制,例如10次票、20次票等。上述票制的一个优势是消费者可以根据自身需求特点自由选择。以北京为例,北京实施IC卡之后,出现了以时间为特征的票制,详见表9-1。

第九章
城市公共交通票制票价与补贴

北京市现行城市公共交通票制　　　　　　　　　　表 9-1

类　　型	单一票制	计程票制
地面公共交通	1元/次	12公里为1元,以后每增加5公里加价0.5元
	优惠政策: ①刷卡优惠,普通卡享受4折优惠,学生卡享受2折优惠; ②时间卡优惠,3日卡票价10元,限3日内使用18次;7日卡票价20元,限7日内使用42次;15日卡票价40元,限15日内使用90次,可以乘坐9字头郊区线路	
轨道交通	2元制	—

　　通过上述三种主要的票制划分类型来看,票制可以通过多种形式进行组合,来满足不同类型的出行需要,在一定程度上丰富了公共交通服务的多样化。世界上许多发达城市,已建立起由公共汽(电)车、地铁、城铁等交通工具组成的四通八达的出行网络,并同时为乘客提供多样化、人性化的购票选择。例如,在伦敦,公共交通为乘客提供了丰富多彩的票制选择,乘客可以根据自身乘坐公共交通的空间特征、时间特征作出相应购票决策。在伦敦使用 Oyster 卡乘公共交通工具非常便宜,并实行不同的票制,既有按地区划分的票价(伦敦从市中心往外分为6个区域,由此分为一个区价、两个区价至六个区价);也有按时间划分的票价(如日票、周票、月票及年票);还有按年龄划分的票价(成人票,儿童票(5~15岁),5岁以下儿童搭乘地铁、公交车免费)。每类票既区分高峰时段和非高峰时段(高峰时段是指除公众假期外周一至周五的4:30—9:30,其他时段为非高峰时段,非高峰票要比高峰票便宜很多),也分学生票和非学生票(本地学生凭借学生证,非本地学生凭借国际学生联盟卡,学生票可以比普通票便宜一半左右)。

　　我国公共交通体制正处于改革过程中,票制也正朝着有利于社会公众的方向调整。例如,上海世博会期间,上海地铁推出了"一日票",该票种介于单程票和"一卡通"储值票之间,每张定价18元,可在24小时内任意次数乘坐轨道交通,为世博游客提供了交通出行上的方便。再如,昆明市为了落实公共交通优先,实施了以公交 IC 卡收费为核心的票制改革,推出了普通卡、优惠卡、学生卡、爱心卡等种类,以满足和丰富居民出行需求,详见表9-2。

昆明市票制改革　　　　　　　　　　　表9-2

票制	描述
普通卡	持普通IC卡享受9折优惠
优惠卡	优惠卡发放对象为70岁以上老人和持昆明市人民政府颁发的"特困职工优惠证"的群体，办理"优惠卡"刷卡乘车享受6.5折优惠
学生卡	学生卡发放对象为昆明市教育局核准的全日制中小学生，办理"学生卡"享受3折优惠
爱心卡	发放对象为昆明市的盲人、下肢残疾人、残疾军人，乘公共交通工具时给予免费

虽然我国一些城市对票制进行了多样化建设，但相比国外公共交通体系成熟的城市，我国公共交通票制依然存在着一些不足之处有待完善，具体体现在：现行票制较为单一，提供给乘客的选择不多；票制调整大多体现为向特殊群体提供优惠，较少利用票制的经济属性调节公共交通客流。我国公共交通票制调整的目标是建立一个票种丰富合理、既能发挥票制的市场调节作用又能体现公共交通公益性的票制体系。

2. 票制的影响因素

公共交通作为现代城市生活的一项基础性服务，其需求弹性较小而社会敏感性较高，在公共交通票制的制定过程中，需要充分考虑经济发展水平、社会价值取向、城市交通整体规划以及实施技术条件等因素。

1) 经济发展水平处在较低的阶段

城市总体规模较小，此时公共交通往往还未成长为一种普遍性的公众需求，表现为线路较少且个体需求频次较低，在此情况下，倾向采用低价的单一票制。

2) 经济发展水平处在中高阶段

随着社会经济发展水平的提高，城市规模逐渐扩大，逐渐产生了对票制的可选择性需求，在此，社会价值取向成为左右票制安排的主要因素之一。通常公益性被放在重要位置予以考虑，因此在低票价的同时，也会根据乘客群体特征、乘坐时间特征等安排各种形式的票制减轻公众交通出行的费用负担，以体现公共交通的公益性。

因此,不同的社会经济发展阶段所需要的票制也不同,以深圳为例,1980年只有两条公共交通线路,实行单一票制,票价为1角;20世纪80年代末,深圳已出现收费1元的中巴;20世纪90年代中期,深圳公共交通取消了月票、季票,并实行刷IC卡优惠;而发展至今,深圳公共交通已根据冷巴、普巴或者路线长短等制定出丰富的票制票价供乘客选择。在厦门,公共交通最初按每站2分计费,1993年调整为上车5角一票制,2010年厦门公共交通票制票价在先前基础上调整为组团内部的公共交通线路实行全程1元一票制,市域内跨组团的公共交通线路"上车1元,分段计价,最高票价3元"。

当然,票制的安排需要符合城市交通整体规划。特别是在城市道路资源紧张、交通拥堵问题严重的今天,需要公共交通不断提高城市出行分担率以对上述问题作出回应,而票制的设计在其中又扮演了重要角色。

此外,票制的执行还受技术水平的制约,随着信息技术、网络技术等飞速发展,现今多样化票制的执行在技术上拥有了强大的支撑与保障。

3. 票制制定规则

如上所述,票制的制定要综合考虑社会经济发展阶段、城市发展规模、城市规划,以及科学技术等因素,在制定票制的过程中,除了要考虑这几方面的影响因素,还需要重点考虑以下三个规则。

1) 形成合理的比价关系

制定票制时,要考虑形成一个合理的比价关系,这种比价关系不仅仅要体现在公共交通系统内部,还体现在与其他出行方式之间的关系。在公共交通系统内部,要合理界定常规公共交通、快速公交(BRT)、轨道交通和其他公共交通方式之间的比价关系,做到能够满足不同层次人群出行的需要,促进公共交通分级体系建设,并且使公共交通资源效益最大化。在与其他方式构建比价关系时,应重点考虑建立与出租车之间的价格协调机制,不能出现公共交通价格与出租车价格相近情况,否则将严重干扰城市客运的正常运行秩序,出现争抢客源的问题。

2) 体现公共交通换乘的便捷性

通过一次公共交通出行就达到出行目的是出行者的普遍愿望,但是随着城市规模的增加,以及公共交通线网覆盖的不完全性,必然会出现换乘,而如果采用的票制不合理,将使乘客每一次换乘都会增加出行成本;再者,为了减少换乘次数,公共交通线路往往布设在公共交通需求量比较大的主干街道,导致公共交通线网覆盖率不高,进而影响公共交通服务水平。因此,在制定票制时,可以采用灵活的方式,例如通过免费换乘等制度,并辅助合理的线路换乘时刻表,使乘客出行换乘极为便利,这样就达到了通过科学的票制提高公共交通服务水平和吸引力的目的。

3) 适应多样化的乘客出行需求

满足多样化的乘客出行需求是票制制定的另外一个规则,与国外的公共交通票制体系相比,我国的公共交通车票种类很少,虽然目前很多城市也出现了多种票制,但是我国大部分城市票制针对性仍有很大提升空间,目前很多城市的乘客不得不接受单一票制结构。为此,在设计票制时,应当从旅客需求出发,尽量为乘客提供个性化服务,进而提高公共交通出行的吸引力和公共交通分担率。

第二节 票 价

票价是乘客获取公共交通服务的支付,在不同的城市有着不同的定价原则、定价方法以及调价方式。票价制定的原则是成本定价,同时要兼顾乘客的接受程度和政府补贴的承担能力。科学合理的公共交通票价是保障企业正常运营、调节不同交通方式客流需求、促进公共交通行业可持续发展的重要条件。

票价的分类方式主要包括以下三种:单一价格,适用于某一条线路或某一乘次;基价(起步价)加里程价;起步价加换乘次数。票价的优惠在表现方式上分为两种:一种为"递远递减"计价——乘坐距离越长,对乘客来说相对乘距的花费就减少一些;另一种为在规定时间内换乘价格优惠。

1. 定价原则

通常情况下,公共交通企业要维持正常运营,就必须保证收支平衡且略有盈余,而公共交通票款收入又是公共交通企业的主要收入来源,因此,票价的高低与政府补贴是紧密相连的,不同的公共交通经营模式,票价制定的方法也不尽相同。

1) 模式一:政府不补贴企业情况下的公共交通定价原则

在政府不予提供补贴的情况下,企业自负盈亏并拥有自主定价权(但仍受政府部门监管),通常该种定价原则是与公共交通行业的民营化改革相联系的。传统上,包括城市公共交通在内的公共产品或服务是由政府部门统包统揽,并以免费或者收取低于成本价格的形式向社会公众供给,该种模式有利于集中优势资源建设大规模项目,但随着社会经济的发展,公众对公共产品或服务的需求不断扩张,政府财政压力剧增,并且,由于缺乏竞争,暴露出经营低效等诸多问题。经济学研究表明,通过特许经营等方式,将公共产品或服务的直接提供者从政府部门向私人部门转移,以潜在竞争代替市场内竞争,可以解决以"国有企业"形式提供公共产品或服务存在的经营低效、财政压力大等问题,并有利于扩大公共设施投资来源,满足公众对公共产品或者服务的需求扩张。相应的,政府部门需完成从公共产品供给的"划桨者"向"掌舵者"的角色转换,对行业负起监管的责任。受此理论影响,自20世纪70年代起,发达国家或地区掀起了公用事业民营化改革的浪潮。

在公共交通行业,当私人部门介入交通服务供给时,政府部门可采取不提供补贴,企业自主定价并接受政府监管的模式。香港是世界上为数不多的非公营企业来提供城市公共交通服务的城市之一,1993年起实行私人经营、政府监管的公共交通运行机制,公共汽车业务由私人企业经营,自筹资金、自负盈亏,但线路专营权、票价、利润水平、服务规范、购车数量等均需接受政府的监管。在该机制下,私人公共交通企业在政府的票价、利润水平等管制约束下可以通过一定的程序自主确定票价,目前香港的公共交通企业大都保持了良好的运营效率,在为公众提供高质量的公共交通服务的同时实现了一定的合理利润。

2) 模式二:政府补贴企业情况下的公共交通定价原则

公共交通由城市公共交通行业管理机构定价,由企业严格执行,这是现行定价的主要模式。城市公共交通票价由经省(自治区、直辖市)人民政府授权的市、县人民政府,或者省(自治区、直辖市)人民政府价格主管部门会同同级财政部门、城市公共交通管理部门根据运营成本等因素制定。制定城市公共交通票价,应当进行价格听证,充分体现社会公益性事业特征,有利于优化城市交通结构,引导社会公众选择城市公共交通出行。城市公共交通票价低于正常运营成本的,城市人民政府应当对低于正常运营成本的部分给予补贴。

3) 模式三:基于成本定价的原则

综合考虑各方面因素,科学制定群众可接受、企业可发展、财政可负担的城市公共交通价格,并根据车辆档次、服务质量、乘车距离等建立多层次、差别化的票价体系。如政府要求执行低于成本的价格,政府应对执行票价低于成本的部分给予全额补贴。同时,要建立公共交通票价与企业运营成本和社会物价水平的联动机制,根据城市经济发展状况、社会物价水平和劳动工资水平,及时调整公共交通票价,以避免票价多年不变或票价水平严重脱离运营成本的现象。

事实上,无论是否存在公共财政补贴,公共交通企业提供既定的服务,成本可以认为是一定的,要使企业可持续运营,其成本必须得到补偿。两种模式相比较,前者体现了"效率",即乘客按享有的交通服务进行直接支付,而后者更多体现"公平",部分成本通过公共财政来进行补偿,从而间接实现了公众收入的再分配。

我国城市公共交通定价是以"低价、补贴"为原则的,这是因为公共交通服务作为社会公众的一项日常需求,其价格具有较强的社会敏感性,低价策略不仅可以促进公共交通实现普遍服务的目标,而且有利于引导公众出行选择公共交通方式,提高公共交通的分担率。

2. 定价方法

公共交通行业存在着显著的自然垄断特征,因而一种合理的安排是维持垄断结构以发挥其规模经济特性,并对价格采取政府管制(政府直接定价或者政府监管下的企业定价)。理论上公共交通行业主要有以下两种定价方法。

1) 边际成本定价

边际成本定价能实现经济效率意义上的资源有效配置,但由于公共交通行业存在边际成本递减特征,通过边际成本定价企业未能收回其全部成本,因而需要政府部门对其亏损部分进行补贴。

2) 平均成本定价

平均成本定价又称为完全成本定价,理论上是指将企业生产所需的固定成本和可变成本完全分摊到所提供的产品或服务上。在公共交通行业,固定成本可以包括车辆购置费用、场地费用、工资开支等,而可变成本可以包括燃油消耗、车辆保养费用等。当企业同时提供多种产品或服务时,固定成本需要在其间进行分配,拉姆齐定价法作为平均成本定价的一种具体形式,在理论上提供了这样一种可能:在各产品间分配以实现全成本覆盖,并达成社会福利的最大化。平均成本定价的核心在于通过消费者的支付补偿企业全部的成本费用,在存在边际成本递减特征的行业,平均成本定价模式下的价格通常高于边际成本定价,但其不需要通过政府部门转移支付来补偿其亏损。

在实践中,我国公共交通行业定价并未完全采取上述两种定价方法中的任何一种,在形式上则更接近于边际成本定价,即运营企业向乘客收取低的车票价格,企业的亏损由公共财政进行补贴。但必须指出,尽管存在着公共交通票价制定的统一框架,但不同城市具体实施程度并不一致。

3. 调价机制

成本监审是公共交通行业定价调价以及实施补贴的依据所在,根据《中华人民共和国价格法》、《政府制定价格成本监审办法》等有关规定,我国一些城市的相关管理部门纷纷制定了公共交通企业的成本监审管理办法。在这些办法中,普遍明确了公共交通企业的成本费用构成内容以及监审方法,建立了公共交通企业成本费用评价制度和考核体系,对建立科学、合理的公共交通定价调价及补贴机制起到了积极作用。但是由于缺乏可参考的历史成本数据,以及传统的监审程序存在的成本虚报等问题,目前的公共交通企业成本监审管理办法还有待完善。运用信息化手段,借助专业的成本监审核算软件,建立行业成本数据库等措施可以有效提高公共交通行业的成本监审的客观性及行业管理效率。

公共交通票价调整机制与定价机制有着密切联系。由于公共交通企业的各项成本费用随着时间的推移会产生变化,在一个固定的"价格+补贴"框架下,企业会形成亏损或者产生额外利润,因此需要建立一套有效的价格调整机制对此进行调节,以保障公共交通企业的合理成本得到补偿并维持其可持续运营。

一些公共交通管理体系成熟的城市,已建立起一套科学有效的票价调整机制,该机制将消费者物价指数(CPI)、工资水平、技术进步率纳入统筹考虑,对票价进行动态调整。例如,我国香港的巴士公司可申请提价,但必须先提出提价的理由。提价的幅度依照"0.5×运输业界工资指数变动+0.5×综合消费物价指数变动-0.5×生产力增幅"这一公式计算确定。该调整公式全面反映公共交通企业面临的成本环境变化,并使公众分享企业技术进步带来的好处。类似的,新加坡政府将公共交通票价与经济发展、工资水平和生产力挂钩,并且公共交通委员会将位于总抽样量21%~40%区间的中低收入家庭作为一般乘客代表,评估票价涨幅是否合理,力求将运营公司的生产力进步收益转移给消费者。

近年来,我国城市纷纷进行了票价调整。例如,2007年1月1日起,北京公共汽(电)车单一票价线路统一为1元,分级票价线路统一为12公里内1元、每超5公里加价0.5元,并对持卡乘车实施普通卡4折、学生卡2折的优惠,从2007年10月7日起,北京轨道交通全路网实行单一票制,票价每人次2元。深圳于2007年12月1日起实施公共交通降价方案,着力在使用"深圳通"刷卡和换乘两个环节提供票价优惠,政府将为此支付每年5亿~10亿元的财政补贴。绍兴从2007年1月20日起,将所有公共汽车的起步价统一调整为1元,据测算政府每年将为此多补贴3000万元。现有的城市公共交通票价调整多是通过刷卡优惠、局部性下调等方式向公众让利,但尚未建立一种科学、系统且长效的公共交通票价调整机制,随着公共交通行业改革的不断深入,我国公共交通票价调整机制也必须进一步完善。近期公共交通票价调整要进行价格听证,对调整方案的"可行性与必要性"进行论证,并体现公共交通的公益性。远期要建立科学的票价调整体制,票价的变动须反映公共交通行业的成本环境变动,并激励企业不断改善管理,提高经营效率。

第三节 城市公共交通成本核算

公共交通成本核算既是票制票价制定的参考依据,也是公共交通亏损补贴的参考依据,是将票价与补贴紧密关联起来的纽带,如果政府要求执行低于成本的价格,政府应对执行票价低于成本的部分给予全额补贴;同时,要建立公共交通票价与企业运营成本和社会物价水平的联动机制,根据城市经济发展状况、社会物价水平和劳动工资水平,及时调整公共交通票价,以避免票价多年不变或票价水平严重脱离运营成本的现象。

1. 城市公共交通行业成本核算内涵与特征

1) 城市公共交通行业成本核算

公共交通企业成本核算一般采用二级成本核算、三级成本控制的模式。公共交通企业总成本是指完成一定数量的乘客运输任务而发生的一切费用支出总额,包括运营成本和期间费用两大部分,各分公司对运营成本和管理费用进行核算,集团总公司将分公司管理费用进行汇总并加计集团公司本身的管理费用。

(1)运营成本。主要运营成本项目包括:职工工资、职工福利费、燃料费、电车动力费、车辆修理费、车辆折旧费、线网维修费、行车事故费、运营业务费、运营间接费,涵盖了企业所发生的实际运营业务成本。其中成本项目中的职工工资、职工福利费、燃料费、车辆修理费、车辆折旧费占总运营成本的比例高,是影响运营成本的最重要的五个成本项目。

(2)期间费用。在会计核算上将管理费用和财务费用作为期间费用,在利润表中单独列示。管理费用是指企业的各级行政管理部门为管理和组织运营生产活动而发生的各项费用,主要包括六项:管理人员工资、管理人员福利费、生产业务费、行政管理费、税费以及包含职工教育费用、工会会费等在内的其他管理费用。财务费用是指企业为筹集资金而发生的各项费用支出,一般情况下,公共交通企业的财务费用主要是用于购车的贷款所发生的利息支出。

2) 基于公益性的城市公共交通成本核算的特点

由于公共交通行业不创造实物产品,不存在劳动对象方面的消耗,其运营成本构成中没有原材料支出,主要是由运输工具和运输设备的折旧费、修理费、燃料费、人工成本和运营间接费用构成,其成本核算的特点主要包括:

(1)成本核算的非盈利性。城市公共交通行业的基本定位是公益性企业,因此,其成本核算具有不同于一般企业盈利性成本核算的特点。

(2)成本核算的外部性。城市公共交通企业的成本受到企业外部影响因素的制约较大,如政府政策、社会要求、道路状况、交通设施等因素的影响。

(3)成本核算的社会性。城市公共交通企业的成本核算具有社会性影响,受到政府和社会各界的广泛关注,同时,其内部成本的提高可以直接降低社会成本,如社会环境成本、市民生活成本等。

(4)成本核算的地域性。城市公共交通企业具有典型的地域性特征,不同的城市规模、不同的道路条件、不同的工作水平、不同的车辆水平、不同的城市道路行驶速度等,对公共交通企业运营成本都产生了极大的影响。同时由于各地经济社会发展的不平衡,公共交通企业的成本水平也不完全具备可比性。

2. 典型城市公共交通行业成本核算标准

公共交通行业成本核算标准,包括成本核算模式、成本核算对象、成本核算项目、成本管理措施等一系列的内容。具体包括:

(1)不同的公共交通运营模式具有不同的成本核算的特点。在市场化运作模式下,成本核算的主要目的是为了最大限度地节约成本,提高企业效益,为股东提供高额回报。而在公益化运作模式下,成本核算的主要目的是确定合理的票制票价,为政府财政补偿补贴提供依据,并以提升服务质量为根本目的。

(2)在存在多家运营企业的情况下,无论是市场化运作还是公益化运作,都必须由城市公共交通行业管理机构统一规范行业成本标准,以利于政府对公共交通企业的监控和经营状况的评价。

(3)确定公共交通企业的合理成本标准,并不是公共交通企业的最低成本,而是由行业主管部门制定的既符合国家统一会计制度和财务制度要求,又符合企业实际情况,并且满足公共交通企业可持续发展的成本标准。

(4) 合理成本标准必须考虑公共交通企业所处的社会经济环境和地理环境，不同城市交通条件、社会经济发展状况决定了不同公共交通企业经营成本的差异。

3. 城市公共交通行业成本核算体系的构建

1) 合理成本核算的原则

(1) 合法性原则。合理成本的核算必须符合国家法律、法规的规定，符合会计准则、国家统一会计制度的要求。凡不符合《会计法》、《企业会计准则》、《企业会计制度》等有关法律、行政法规规定的不合法支出，不得作为合理成本的组成部分。

(2) 合理性原则。合理成本既不是实际成本，也不是估计成本，而是在合法的前提下，在成本核算基本理论的框架下，运用一定的科学、合理的方法预测的成本。构成合理成本的各项主要技术、经济指标应当符合行业标准或社会公允水平。

(3) 相关性原则。合理成本是与城市公共交通运营相关的成本，构成合理成本的各项费用要素必须与城市公共交通紧密相关。凡与城市公共交通无关的费用，不得作为合理成本的组成部分。

(4) 适用性原则。合理成本必须能够满足相关各方的要求，满足政府对公共交通企业管理的需要，满足社会各界对公共交通企业监督的需要，满足公共交通企业加强成本核算和成本管理的需要。

2) 合理成本核算对象

成本核算对象是各种费用的归集和计算对象。根据成本核算一般原理，不同企业、不同生产类型和不同的生产组织方式，都对成本计算对象的选择产生较大的影响。公共交通企业作为提供运输劳务的企业，其成本核算不同于一般企业，成本核算对象也不同于有形产品生产的成本计算对象。根据公共交通企业的特点，公共交通企业成本核算对象一般为车公里。本书采用标准车型和标准车百公里作为主要成本核算对象，并将客运人次作为辅助成本核算对象，核算单位人次成本。

3) 合理成本核算方法

基于成本会计的一般原理，成本核算主要有传统成本核算方法和现代成本核算方法两大类。传统实际成本核算方法是按照企业资金流程,根据一定成本的计算方法(如简单法、分批法、分步法等),对企业发生的费用进行归集、分配,直至计算出单位成本和总成本的方法。现代成本核算方法是融合成本核算与成本控制于一体成本核算方法,主要包括标准成本法、定额成本法、作业成本法等方法。

合理成本核算方法并不是运用一定的方法对企业实际发生的成本进行成本的再计算,而是在企业提供的成本资料的基础上,对相关项目进行分析,结合一定的标准、定额、预算以及其他应当发生的合理支出等资料,通过账外计算成本而形成的一种成本核算方法。

企业的合理成本应每年度核定一次。可以用企业合理成本报告的形式体现。它应由企业的财务部门提出报告草案,以企业的名义呈报地方政府的相关部门审查,报告草案经各部门初审后,由城市公共交通行业管理机构负责组织各相关部门参加,进行共同审议并会签,经会签被确认的合理成本就可作为地方政府向该企业进行补贴补偿测算的依据。所以要对公共交通企业实际成本进行核定,主要是要使其符合标准的要求,一方面它体现国家对公共交通企业的扶持,另一方面又兼顾社会的分配公平。

4) 合理成本核算的项目

由于各类城市公共交通方式的生产特点不同,交通工具与其配套设施也不同,因而成本项目的名称各异。在设计企业合理成本项目名称时,应与现行的企业生产成本计算表所规定的项目名称相一致,或以其为主体进行设计。其总的原则是成本项目在构成上能够反映企业生产经营支出的全貌。

第四节　城市公共交通补贴机制

城市公共交通作为城市生产的社会共享资源之一,其经营活动具有鲜明的二重性。城市公共交通行业既具有生产性质又具有公益性质。公共交通企业需要政府进行财政补贴,政府对公共交通提供政策性亏损补贴是为了适当降低票价吸引乘客乘坐公共交通,以取得整体经济效益和社会效益最大化的一种经营策略,这种策略诱导个体交通转换为公共交通以提高公共交通吸引力。补贴的多少则与票制票价和成本有关,为此要建立公共交通票价与企业运营成本和社会物价水平的联动机制,根据城市经济发展状况、社会物价水平和劳动工资水平,及时调整公共交通票价和补贴额度,真正实现政策性补贴带来的社会经济效益最大化。

1. 城市公共交通补贴政策

城市公共交通补贴政策和制度是实施公共交通补贴的参考依据,我国各级政府非常重视城市公共交通补贴制度建立和财政扶持政策的出台。《国务院办公厅转发建设部等部门关于优先发展城市公共交通意见的通知》国办发[2005]46号文件等相关文件,明确提出了对规范城市公共交通补贴制度,随后中央政府出台的一系列文件针对城市公共交通补贴机制及补贴额度测算,提出要建立低票价的补贴机制、落实燃油补助及其他各项补贴和规范专项经济补偿,以下各部分对有关公共交通补贴政策进行了汇总和解析。

1) 低票价的补贴机制

城市公共交通实行低票价政策,以最大限度吸引客流,提高城市公共交通工具的利用效率。城市人民政府应当按照《中华人民共和国价格法》等有关法律、法规的规定,建立健全城市公共交通票价管理机制。要在兼顾城市公共交通企业的经济效益和社会效益的同时,充分考虑城市公共交通企业经营成本和居民承受能力,科学核定城市公共交通票价。由于公共交通的低票价由城市人民政府根据城市财力,以及居民出行需要确定,导致城市公共交通企业因低票价而亏损。为了维持公共交通企业的可持续生产,城市人民政府对公共交通企业实施低票价补贴,例如:深圳市采用成本规制的补贴方法。但在这一机制下,由于在企业的收入和成本中,难以分清经营性与政策性业务,要核定低票价造成的企业亏损额,就面临着难以界定经营性亏损与政策性亏损的问题。这一问题,也正是目前公共交通补贴机制中的一个世界性难题。

2) 燃油补助及其他各项补贴

根据《国务院办公厅关于转发发展改革委等部门完善石油价格形成机制综合配套改革方案和有关意见的通知》(国办发[2006]16号)和财政部有

关文件的规定,成品油价格调整影响城市公共交通增加的支出,由中央财政予以补贴。各级人民政府应加强对补贴资金的监管,确保补贴资金及时足额到位。同时,要建立规范的成本费用评价制度和政策性亏损评估和补贴制度。要按照国办发[2005]46号文件的精神,定期对城市公共交通企业的成本和费用进行年度审计与评价,在审核确定城市公共交通定价成本的前提下,合理界定和计算政策性亏损,并给予适应的补贴。其他补贴还可以包括购车补贴、低碳交通补贴等。

3) 规范专项经济补偿

城市人民政府应严格按照国家法律、法规的相关条款和有关文件的规定,合理准确地界定社会公益性服务项目。城市公共交通企业有责任承担政府指令性公益任务,对城市公共交通企业承担的此类任务所增加的支出,经城市人民政府主管部门审定核实后定期进行专项经济补偿,不得拖欠和挪用。

2. 城市公共交通补贴方式

补贴方式的选择直接影响补贴的金额和补贴的效果,在实际操作过程中,对于采用何种方式进行公共交通补贴,各个地区或城市应当根据当地特点选择适应的方式,下面分别对公共汽(电)车和轨道交通补贴方式进行说明。

1) 公共汽(电)车

我国城市公共汽(电)车补贴内容主要包括:低票价补贴;特殊人群减免票补贴;油价补贴;冷僻线路补贴;政府指令性任务所增加支出的补贴。

对公共交通的补贴方法主要包括:规范型的补贴;预算约束型的补贴;谈判型的补贴。

规范型的补贴。主要有三种方式:一是招投标方式,对取得线路经营权的运营企业进行补贴;二是通过地方政府的规范性文件,规定公共交通补贴方式;三是专项性补贴,如燃油补贴、车辆更新补贴等。

预算约束型的补贴。是指地方城市政府采取基数包干法,公共交通补贴额几年不变,或者根据城市财政收入确定补贴额度。

谈判型的补贴。指公共交通企业每年按照实际亏损的发生额,与地方政府财政部门进行协商后,确定公共交通补贴额度。

补贴资金的来源主要由地方政府负责解决。城市政府在安排预算时,主要是通过"企业政策性亏损"科目来核算。中央财政对于公共交通补贴未纳入中央财政预算科目,目前仅分配了部分燃油补贴。

2) 轨道交通

对城市轨道交通这类大型基础设施项目而言,由于项目自身盈利性相对较差,政府通常要给予一定的补贴。常见的补贴方式有两种,即在建设期间的前补贴模式和在运营阶段的后补贴模式。

前补贴方式。项目由政府和企业共同投资,政府的出资主要用于项目的土建工程部分(主要包括车站、轨道和洞体),而企业融资成立项目公司,对地铁进行建设(主要包括车辆、信号等一些流动资产)、运营和维护。项目建成后,政府投资部分的资产无偿或象征性地租赁给项目公司经营,政府对其投入资产享有所有权而无对等的收益权,企业对政府投资享有使用权和收益权。

后补贴方式。以预测客流量和实际票价为基础,在项目建成后和投入运营过程中按一定方法对运营亏损和投资维修进行补贴,项目运营中的风险和收益在一定程度上由政府与企业共担。这种方式多是建立在合理估算和预测的基础上,比照实际情况进行调整,并采取分成形式分担风险和收益,避免政府、企业承受过大的市场风险。可以促使企业在保证安全运营的前提下降低运营成本,提高经营管理水平,实现政府公共利益与企业商业利益的结合,从而实现政府和企业双赢。

3. 国内典型城市公共交通补贴政策

1) 上海市公共交通行业补贴

近几年来,上海市财政逐步加大了对政府购买服务的财政支持力度,在公共交通车辆更新、公共交通换乘优惠、70岁以上老人非高峰免费乘车、信息化建设、政府指令性任务和油价等方面建立了相应的财政补贴政策。2007~2009年投入专项补贴资金61.68亿元(不包括基础设施建设资金),约是2002~2006年合计补贴的3.8倍。具体补贴资金如下(见表9-3):

2007年度,安排公共交通专项资金8.05亿元,其中优惠换乘0.9亿元,

油价补贴4.19亿元,车辆更新补贴1.88亿元;

2008年度,安排公共交通专项14.48亿元,其中优惠换乘2.80亿元,老人免费乘车2.10亿元,油价补贴7.47亿元,车辆更新补贴1.91亿元;

2009年度,安排公共交通专项39.15亿元,其中优惠换乘6.87亿元,老人免费乘车3.83亿元,油价补贴6.89亿元,车辆更新补贴20.99亿元。

2007~2009年公共交通行业补贴情况(单位:万元) 表9-3

项目\年份	2007年	2008年	2009年
补贴合计数	80487	144826	391475
优惠换乘	8945	27957	68706
老人免费乘车	—	20983	38332
油价补贴	41931	74693	68870
车辆更新补贴	18823	19082	209863

2)深圳市公共交通行业补贴

深圳市公共交通改革走在了全国前列。自1993年起,深圳市就开始实行大巴专营,规定其年利润率为10%;1998年改为为期3年、每年1000万元的政府专项补贴;2001年取消补贴后,政府对专营公共交通投入仍在继续,如:场站建设、车辆更新投入、发动机改造专项补贴、出境巴士接驳专营权的授予;2004年开始每年提供600万元的老人乘车优惠补贴;2005年第四季度又推出油价补贴等。

"十一五"期间,为实现公共交通分担率60%的目标,深圳在线网建设(BRT系统建设)、公共交通运力的补充与更新、场站设施建设、公共交通智能化建设、公共交通专用系统建设等公共交通事业方面投资114.56亿元。根据深圳市政府制定的公共交通规划,公共交通财政扶持政策主要有:

(1)在公共交通区域专营模式下,通过线路的优劣搭配经营,尽可能实现盈亏平衡,政府有针对性地实行公共交通财政补贴。

①政府负责筹资建设公共交通基建设施(包括轨道、客运枢纽等大型基建以及公共交通首末站、专用道、停靠站等设施建设),而设备成本(车辆等设备的购买与保养)和运营成本(燃油费、员工工资等)由企业承担。

②公共交通企业因承担社会福利(老年人、儿童、残疾人、伤残军人等免费或优惠乘车)而增加的支出,由政府给予经济补偿。

③为特区外偏远地区、公共交通低需求地区提供财政补贴,培育特区外公共交通市场。

④轨道交通运营初期,为培育客流,支持轨道交通的发展,政府应给予财政扶持。

⑤制定全市统一的公共交通财税优惠政策,对营业税、燃油税、车辆购置税以及车辆运营涉及的养路费、客运附加费、运管费、高速公路收费等税费项目应给予适当优惠或减免,降低企业经营成本,减轻企业的经营负担。

(2)积极研究和探索建立公共交通发展专项资金的途径和方向,拓宽公共交通补贴资金来源。公共交通发展专项资金可考虑通过征收私家车燃油税、停车费、城市建设维护费,返还企业营业税和所得税等渠道筹集。

(3)建立完善的公共交通补贴评价和监管制度。研究制定公共交通补贴评价指标体系,将公共交通补贴与服务质量联系起来,明确公共交通补贴的目的;建立有效的公共交通补贴监管机制,公共交通补贴要专款专用,充分发挥公共交通补贴的效益。

4. 公共交通补贴制度建设

1) 建立规范的补贴制度

城市公共交通发展要纳入公共财政体系,建立健全城市公共交通投入、补贴机制。对由于实行低票价以及月票、老年人、残疾人、伤残军人免费乘车等减免票政策形成的城市公共交通企业政策性亏损,城市人民政府应在定期对城市公共交通企业成本费用进行年度审计与评价的基础上,合理给予补贴。大中城市可按年度实行运营公里补贴,小城市可按年度实行定额补贴,并将上一年度政策性亏损补贴列入政府下一年度财政预算,按年度足额落实到位。对承担社会公益性服务所增加的支出按月或季度给予专项经济补贴。补贴经费在政府年度预算中列支,统筹安排,重点扶持。

2) 规范的成本费用评价制度

按照国发办的相关文件的精神,对城市公共交通企业实行严格、规范的成本费用审计与评价制度。各城市公共交通行业管理机构、发改委、财政局、物价局、劳动保障局定期组织对城市公共交通企业的成本和经费收支情况进行年度审计与评价,在审核确定城市公共交通定价成本的前提下,合理界定,并报地方政府给予政策性亏损补贴。城市公共交通企业运营成本必须通过新闻媒体和网络等多种形式向社会公开。

成本费用考核指标方面,可用人车比和单车运营成本作为成本考核的主体。人车比反映公共交通企业的竞争力、技术水平及管理效率,人车比降低可节约企业人工成本。对单车运营成本考核可核定单车各项成本费用消费系数,超出定额消耗部分由企业自负。上述两方面合起来即可作为成本费用考核指标体系。

3) 政策性亏损评估制度

根据政策性亏损补贴范围,建立一系列考核指标,严格界定政策性亏损额度,可将其视为公共交通企业合理的亏损额由政府予以财政补贴。如果公共交通企业实际亏损额超过合理亏损额,超额部分属于经营性亏损,政府不予补贴。如公共交通企业实际亏损额低于合理亏损额,说明其管理富有效率,经济效益及社会效益较高,应对其进行适当奖励。

政策性亏损考核指标的内容除了合理成本的考核外,还包括服务质量考核。对服务质量的考核指标可采用客位公里、人公里。采用客位公里可反映公共交通车辆实际运行状况,人公里可反映车辆运营及满载率情况。上述指标将人和车结合起来实际构成了对公共交通企业经济效益与社会效益进行考核的指标体系。

第三篇 企业篇
Qiyepian

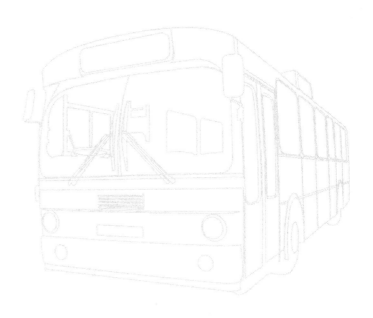

概　　述

　　城市公共交通企业是公共交通服务的提供者和公共交通安全的责任主体,加强公共交通企业的运营管理,提升公共交通企业服务和安全保障水平是城市公共交通发展的关键环节,对于落实城市公共交通优先发展战略具有十分重要的现实意义。本书企业篇重点围绕加强城市公共交通企业在战略规划管理、运营调度管理、服务质量管理、安全生产管理、车辆技术管理、财务管理、人力资源管理等工作中所涉及的技术、方法、制度、规范等进行分析探讨,并对我国城市公共交通企业在经营管理实践中探索和积累的典型做法、成功经验进行了总结归纳,旨在为城市公共交通行业管理机构完善行业管理政策制度、理顺政企关系、提高管理水平,为城市公共交通企业改善运营管理、加强自身能力建设、提升服务能力和安全水平提供参考和借鉴。

第十章　战略规划管理

第一节　战略规划管理的含义和内容

1. 战略规划管理的含义

企业战略规划管理是指依据企业发展过程中的外部环境和自身条件现状及其变化来制订和实施的战略,并根据战略实施过程中的阶段性评估和反馈不断调整,滚动制订新战略的过程。一个完整的战略规划必须是可执行的,它由三个要素组成,即:方向和目标、约束和政策、计划和指标。战略规划需要保持一定的稳定性,经营环境的变化不能成为战略频繁调整的理由。但同时,企业也应重视外界环境的重大变化,当经营环境发生重大变化时,应及时对战略规划进行适当的调整。

2. 战略规划管理的内容

1) 业务发展战略规划

城市公共交通企业的主要业务包括公共交通和关联产业,其中公共交通是公司生存和发展的根本,关联产业是有益补充。业务发展战略规划是指对企业产品的市场规模、增长性、竞争力、利润可持续性和生产要素供给能力的统筹规划。规划前须对主营业务的现状进行分析,明确企业的优势业务、品牌业务和非盈利业务等,再提出针对各业务的主要策略。

2) 客户服务战略规划

客户服务是公司的核心产品,生产"安全、便捷、环保、舒适"的公共交通服务产品是公司赖以生存与发展的关键所在。客户服务战略规划是指企业以服务客户为关注焦点,以客户满意为宗旨,使服务资源与变化的环境相匹配,实现企业长远发展动态体系的实现过程。产品定位和顾客细分是规划的前期要素。

3) 人才开发战略规划

人力资源是公司可持续发展的关键因素,也是公司战略规划得以实施的根本要素。人力资源战略规划是指根据组织的发展战略、目标及组织内外环境的变化,预测未来的组织任务和环境对组织的要求,以及为完成这些任务,满足这些要求而提供人力资源的过程。人才开发战略规划是公司战略规划的重要内容,包括选人、用人、育人、留人等多个方面的措施。

4) 财务管理战略规划

财务是战略实施重要的配套资源。随着企业整体战略的实施,有关企业资本结构分析以及使企业保值增值的方法也相继产生,资本的来源、投资的方向、成本优势、资本的运营等都是决定企业能否获得利润及保持企业竞争实力的重要因素。财务战略规划涉及企业未来筹资策略、投资策略、财务结构、财务管理的相关措施。

5) 管理与技术创新战略规划

管理创新和技术创新是城市公共交通企业提升核心竞争力的不竭动力,应把创新上升到企业战略的高度。管理与技术创新规划是指企业依据多变的环境,积极主动地在经营管理、技术、产品、组织等方面进行变革,从而在激烈竞争中保持独特优势的战略规划。企业可通过实施创新战略,建立企业内部创新的动力机制、运行机制、发展机制。

6) 公共关系战略规划

城市公共交通企业的服务特点决定了实施公共关系战略的必要性,公共关系战略是指为实现企业的使命和目标,企业主动作出的对未来公共关系发展的全局性、方向性谋划。公共关系战略规划包括三个重点:一是搭建与政府良好的沟通平台;二是关注重点区域;三是建立与乘客之间的良好关系,提高公众对公共交通的理解度和信任度。

第二节　战略规划管理的关键步骤

1. 战略环境的分析和预测

这个阶段首先是要对企业本身的行业特性、企业特征作出清晰的认识和分析,即要明确地解答"我们是谁"的问题,就是要站在行业的角度分析企业存在的使命、愿景和价值观,准确把握企业的经营特征。此外,还要分析企业发展所面临的宏观环境,对社会、经济、政治、文化、技术等各个领域的现在或将来可能发生的变化情况进行深入的分析和预判。

另外,价值链分析也是一个很有用的工具,它能有效地分析在企业从事的所有活动中哪些活动对企业赢得竞争优势起关键作用。价值链分析可以用来识别对企业产品的价值增值起核心作用的活动。真正的核心能力是关键的价值增值活动,这些价值增值活动能以比竞争者更低的成本进行,正是这些独特的持续性活动构成了公司真正的核心能力。

2. 制订战略目标

企业在制订战略规划时,除了明确提出一个定性的发展愿景和发展方向外,要在此基础上提出一个可评估、可测量和可操作的具体目标规划。比如,在某一个战略规划期内各个时间阶段,公共交通运营企业的车辆规模、员工规模、运营线路规模、运营收入、运营效率、车辆可靠性、新能源车辆比例等,以及在国内外公共交通企业同行的排名、要达到这些目标的时间是如何控制的,何时实现这些目标,这些都是对战略目标的量化。特别说明,企业在制订战略目标时可以充分采用对目标管理这一有效的管理工具。

3. 确定战略执行重点

企业发展战略是一个中长期的规划,而不是一个短期行为。此外,企业战略是一个综合性、多层次战略体。在战略执行过程中,不同时期有着不同的战略重点,要充分结合先期战略完成情况及企业发展战略环境的变化确定不同时期的战略重点,要分清主战略和次战略,有重点、有目标地采取具体的战略措施,推动企业战略的实施落地。

4. 制订战略行动计划和措施

企业战略不是空中楼阁,要根据战略目标来制订企业战略行动计划和措施。企业要以全面预算管理为依托,将战略通过各种管理工具分解、细化到年、季度、月,并依此制定详尽的战略措施表,落实到具体的责任人,使企业战略能够"落地"。

第三节　战略规划的实践

我国大多数公共交通企业在发展过程中由于受传统管理方式所限,并不十分注重企业发展战略规划,对于企业未来发展的方向和战略目标没有清晰的认识,也没有真正从企业化运营的角度深入分析乘客需求、行业定位、财政环境、票制票价、地铁网络化运营等经营环境的变化对企业中远期发展的影响,从而在企业发展过程中难以科学、有效地应对这些环境变化所带来的挑战,也难以充分利用好推动企业发展的各种机遇。

然而,近年来,随着各个地方政府对于国企改革力度的加大和部分城市公共交通企业股份制改革的深入推进,公共交通企业也越来越清晰地认识到科学的战略规划对于企业发展壮大起到的重要作用。从公共交通企业的运营特点和文化特色入手,以企业使命、愿景和核心价值观为起点,按照环境分析、战略规划制订、实施和控制四个方面编制企业发展中远期战略规划,并将各项战略指标通过行动计划书、绩效考核等途径分解到各个业务板块,确保战略目标的实现,引导企业长期、健康和可持续发展。

深圳巴士集团战略规划管理如专栏10-1所示。

专栏10-1:深圳巴士集团战略规划管理

深圳巴士集团长期以来十分重视战略规划管理,集团董事会下设发展规划委员会,并成立企业发展部,负责战略规划的制订及相关工作的开展。公司在"服务为根、效益为本、持续创新、追求卓越"的核心价值观引领下,制订"一五一〇"的短、中、长期战略规划,并根据各项内外部环境变化,实行战略规划滚动管理。

第十一章 运营调度管理

公共交通企业运营调度管理通过科学安排运力,为乘客提供安全、方便、迅速、准点、舒适的乘车服务,可以最大限度地节约乘客出行时间,同时完成企业的运营计划和各项经济技术指标。运营调度管理是公共交通企业运营的核心,运营调度管理水平的高低从根源上决定着公共交通企业的服务能力和服务质量,进而成为衡量该城市综合实力与公共服务能力高低的一项重要指标。因此,各地公共交通企业在公共交通优先政策的推动下,以乘客服务为核心,积极探索运营调度管理的新技术,努力提升公共交通运营组织管理水平,力求做到乘客满意和社会满意。

第一节 运营调度管理的基本流程

1. 客流特征分析

客流特征分析是公共交通企业运营管理的基础。城市公共交通客流在时间和空间分布上存在一定的规律性,全面掌握线路客流情况及其动态变化对于公共交通运营组织起着十分重要的基础性作用。

公共交通客流是指需要乘坐公共交通车辆实现位置移动而达到出行目的的乘客群,也可以理解为在公共交通线路某一方向、某一断面上在一定时间内用某种交通工具来实现位置移动的乘客的总称。公共交通客流的构成可以按照出行目的不同分为两大类:一是生存性客流,一是生活性客流。生存性客流主要是由职工上下班和学生上下学乘车构成,这类客流的动态特点是运量大,乘车时间相对集中,高峰时间短,规律性强,弹性小,比较稳定,是形成客流高峰的主要原因,是公共交通的基本客流。而生活性客流主要是由居民的购物、探亲访友、就医、娱乐休闲、体育活动等各种生活需要构成,这类客流没有固定的次数,客流在一天中分布的时间分散,节假日的客流量明显增大;相比生存性客流,生活性客流稳定性较差,受气候变化、社会活动频繁程度和经济水平高低等因素的直接影响,具有较强的弹性。因此,满足生活性客流需求是公共交通企业运营调度管理的工作难点。

客流在空间分布上的变化规律可以通过线网上、方向上、断面上的客流动态变化反映,客流在时间上的变化规律主要从季节性变化、周变化、日变化、昼夜变化等方面的客流动态变化反映。

2. 线网优化建议

企业可以根据区域内现有公共交通线网情况,基于现有和未来的公共交通客流分析,提出新开线(或调改线)的可行性报告,并上报城市公共交通行业管理机构审核。可行性报告包括新开线路(或调改线路)走向、站点设置、预测运力、班次时间、票价等基本服务信息,以及新开线路(或调改线路)方案经济效益测算及分析、社会效益分析及评价。

部分城市公共交通企业开展线网优化调整的情况,主要呈现以下几个方面的特征:一是主动加强常规公共交通网络与地铁网络、快速公共交通网络的衔接配套;二是加强对于小区巴士等短距离公共交通线网的布设,尽可能提高公共交通站点覆盖率,一些城市建成区公共交通站点500米覆盖率已达到100%;三是强化公共交通线网资源的优化调整,推行区域化经营,在合理范围内降低线网重复率;四是探索城际公共交通运营模式,开行城际公共交通运营线路;五是针对大型文体活动等开行公共交通专线,方便客流集散。

3. 运营计划编制与实施

根据公共交通客流特征分析的结果,企业要制订符合市民需求和政府规划需求的公共交通企业年度运营计划,并将计划指标在时间上分解到季度、月度、每周和每日,在空间上落实到城区的每个片区,细化到每条运营线路。

企业根据运营计划编制场站建设、车辆配置、技术维修、人员配置、后勤供应等保障计划,各环节高效敏捷,以支撑运营计划指标的实现。

公司调度管理部门根据运营生产计划,编制车辆调度作业计划。在制订车辆调度作业计划的过程中,要把握好程序性、科学性、灵活性原则。在实际工作中,根据客流、车辆和道路情况的变化,合理调配班次,保证整体的运营秩序。

第二节 运营调度管理的含义和内容

1. 运营调度管理的含义

城市公共交通运营调度管理是指城市公共交通企业根据客流的需要以及城市公共交通的特点等因素,通过制订运营车辆的行车作业计划和发布调度命令,协调运营生产的各个环节、各个部门的工作,合理安排、组织、指挥、控制和监督运营车辆的运行和有关人员的工作,使企业的生产达到预期的经济目标和良好的社会服务效益。

2. 运营调度管理的内容

公共交通运营调度管理主要包括两个方面:公共交通运营组织管理和公共交通调度指挥管理。公共交通运营组织管理,是以时刻表为依据,合理编制运力和劳动力使用计划,目标是以最少的人力、物力投入满足客流的需求。公共交通调度指挥管理是以运力、劳动力使用计划为依据,组织实施客运的过程,目标是及时处理突发事件,尽可能确保运营计划的实现。

3. 运营调度管理的形式

我国绝大多数城市公共交通调度系统目前采用的是线路调度管理模式,即各线站的调度在运调部门的安排下,根据客流规律线路的运营条件、企业运输能力和公共交通企业社会效益、经济效益的指标要求编制出行车作业计划。通过执行行车作业计划和行车时刻表,将分散于各条线路作业的各个车辆纳入计划运营,使公共交通线路运营工作有计划、有节奏地进行。通过调度系统对线路运营状态的监控和现场适时、合理地调度指挥,保持运营生产的稳定性,保证公共交通企业完成客运任务和各项经济、技术、服务指标。

第三节 运营调度管理的实践

1. 常规调度管理模式

目前,我国常规的公共交通调度模式仍然以人工作业为主,通过编制、执行行车作业计划进行调度工作。调度过程需要根据适时的车辆运行数据调整调度计划,由于没有智能公共交通车辆定位和实时信息采集及通信技术的支持,目前的调度系统对于道路状况、行车位置、驾驶员操作情况、乘客数量、各站候车人员数量、车辆运营状态等信息一无所知。调度决策不可避免地带有盲目性和滞后性,影响了公共交通企业调度的科学性和高效性,成为公共交通信息化建设的瓶颈。随着社会经济的发展、城市的扩张、交通需求的增大以及道路交通复杂性的增加,这种仅依靠人工无法进行实时沟通的调度模式已经越来越不能适应社会的需求,它主要存在以下几个方面的弊端:

1) 点多分散,未能形成集群调度

常规公共交通企业线路运营调度点多而且分散,未能形成集群、区域调度,不仅造成人力的浪费,而且造成车辆资源的浪费。与此同时,由于大多数城市公共交通企业都面临着公共交通场站缺乏的困难,很多线路的首末站没有可以用作调度的场站,作业环境艰苦。

2) 仍然处于"摸黑"调度状态

常规的调度模式通过手工填写路单,两头卡点,难以对路上车辆的信息实时掌握。为了掌握路上车辆信息,公共交通企业通过耗费大量的人力、物力开展路查、路控等,但对于促进科学调度和安全运营效果甚微。

3) 公共交通运营调度停留在"经验型"阶段,缺乏科学依据

由于缺乏实时、真实的公共交通客流及车辆运营数据,常规的公共交通运营调度大多是基于经验来制订运营生产计划,而且也难以对运营生产情况进行系统、科学的分析,就不能通过数据分析结果来不断调整和优化公共交通线网及运营生产计划,从而更好地适应乘客客流的需求。

4) 缺乏有效的运调评价体系

运营调度计划的制订主要依靠管理人员的经验和一些简单的服务指标控制,缺乏科学性和合理性,计划不能根据客流的变化进行动态调整。运营生产管理人员不能对调度员的工作作出较客观的评价,也不能对运营生产组织的合理性作出定性的判断,这就使运营生产不能做到反馈改进。

5) 缺乏过程监控

在对运营调度计划实施过程的监控上,人工作业更是相当薄弱。运营

管理停留在人管理人的模式,通过线路两端的调度室来完成对车辆的调控,对已发出的车辆与前车的间隔、不同站点的客流情况和安全方面的隐患、甚至擅自绕道等一概不知,致使对车辆的监控不力,到发时间不确定,缺乏应变能力。这些都成了运营管理方面的空白点。

2. 公共交通智能调度系统

1) 公共交通智能调度系统的内涵

公共交通智能调度系统是集先进的卫星定位系统、无线通信系统、地理信息系统、网络技术、计算机技术、自动控制技术等为一体的科技管理平台,它具有公共交通车辆定位、自动报站、自动排班、客流统计、轨迹回放、违章报警等功能,能实现基于实时客流变化的远程集中式调度,使公共交通企业的运营调度从传统的"摸黑式"调度转变为"智能化、可视化、实时化、集中化"调度,从而提高了企业的社会效益和经济效益。

2) 公共交通智能调度系统的建设目标

国内公共交通企业智能调度系统主要有四个方面的目标:

(1) 一个集中企业资源基础数据和日常运营数据的综合数据共享平台;

(2) 一个利用统计图表、视频图像、实时数据分析等方式,并通过大屏幕显示的监控平台;

(3) 一个信息化事件检测、电子化应急响应、影像化指挥跟踪的公共交通运营及应急指挥系统;

(4) 一个利用先进的数据挖掘技术、自动化决策数据模型的辅助决策系统。

3) 公共交通智能调度系统的功能分析

按照信息采集、信息处理、信息发布三层架构,公共交通信息系统的整体框架包括一个数据中心、五类采集来源、三类应用系统。按照以上框架,将逐步建成集远程调度、综合监控、数据汇集、应急指挥于一体的公共交通智能系统。公共交通智能系统的功能分配如图11-1所示。

(1) 远程调度功能是指公共交通智能系统能多界面显示线路示意图,准确显示多个总站、多条线路的车辆运行情况,包括途中位置、途中速度及途中客流等情况,实现多条线路集中调度。

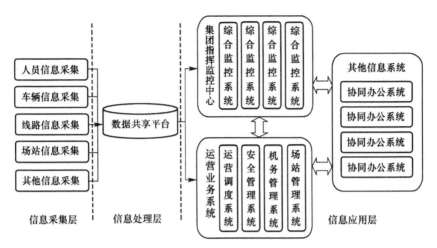

图 11-1　公共交通智能系统的功能分析图

（2）综合监控是指通过信息采集、传输和显示设备对分散的公共交通车辆、场站进行实时集中监控管理。

（3）数据汇集功能是指系统终端可自动采集数据，按需要形成相应数据库（包括：驾乘人员工作时长、车辆运行班次、保修情况、控制中心与车辆双向传输信息等），准确、及时、自动生成各类数据报表，为城市公共交通行业管理机构的监控和企业的管理决策提供有效数据支持。

（4）应急指挥功能是指预先设定不同标准的应急预案，在重大活动和突发事件时，大幅缩减各环节的额外时间损耗，第一时间采取措施将损失最小化。应急指挥系统还可通过网络会议对下属单位下达指令或传达会议精神等。

贵阳、唐山公共交通智能调度系统应用情况如专栏 11-1 所示。

专栏 11-1：贵阳公交

贵阳公交于 2005 年初与有关厂家共同研发了集定位技术、网络技术、通讯技术、软件技术和计算机技术为一体的智能调度系统，该调度系统主要实现以下几个方面的功能：①车辆定位；②自动报站；③自动排班；④实时可视化调度；⑤客流统计；⑥IC 卡消费远程自动传输；⑦黑名单远程自动下载；⑧超速、治安等各种报警；⑨车辆运行轨

迹回放;⑩短信或语音联络;⑪电子站牌预报车辆信息;⑫自动报表生成等。2006年贵阳公交一半车辆使用了该系统,无效里程减少,盈利水平提高。到2007年该系统已在贵阳市120条线路2408辆车上安装使用。

2007年通过大面积推广该智能调度系统,贵阳公交运营秩序大为改善,主副站首末班准点发车率100%;全日准点发车率90%;工作车率98.86%,全日出车率90%,车辆使用率大有提高;超速仅为0.5次/千公里;按可比条件完成同等客运量比2005年节约燃油费1400万元,节约维护工料费300万元;减少调度员150人,节约人工成本300万元。

3. 轨道交通运营调度管理

随着发展绿色低碳交通需求的增长趋势,轨道交通凭借便捷高效、安全环保、社会效益显著等独特优势逐渐成为现代城市公共交通的骨干,广泛受到世界各大城市的青睐。

1) 城市轨道交通的运营组织

(1) 车站管理。在运输生产活动中,车站起着极为重要的作用。车站是线路上供列车到发、通过的分界点,某些车站还具有折返、停车检修和临时待避等功能;车站是客流集散的场所,是乘客出行乘坐列车的始发、终到及换乘地点,也是运营企业与服务对象的主要联系环节;车站还是轨道交通各工种联合协作的生产基地。车站管理模式采用值班站长负责制,负责(当班期)车站的行车、客运、票务、卫生等工作。车站管理主要包括运营设备管理、行车作业管理和客运作业管理。

(2) 运输计划。轨道交通系统是一个复杂的、技术密集型的公共交通系统,只有各部门、各工种、各项作业之间相互协调配合,才能保证列车运行安全,提高运输效率。运输计划在保证轨道交通运营各部门相互配合和协调上发挥着重要的作用。轨道交通的用户主要是旅客,故其运输计划的制订需要考虑旅客的需求特性及其变化规律。轨道交通系统的运输计划包括客流计划、全日行车计划、车辆配备与运用和检修计划，以及日常运输调整计划等内容。

（3）票务管理。在地铁运营管理中，票务管理是对车票流向、票款收入和自动售检票系统（简称 AFC）的运行情况进行总的监视、控制、协调、指挥和调度。票务工作的好坏直接影响到运营公司的收入和经济效益，因此必须重视票务管理工作，将其定位为运营组织管理的核心内容之一。票务中心是执行各类票务业务、组织运作和人员管理的主体，代表运营公司行使日常票务业务组织权和管理权；按照运营管理公司宏观票务政策的要求，实现票务业务正常、稳定和高效的实施；同时，为广大乘客提供优质的客运服务。票务管理体系是票务政策的主要内容，包括收益管理、车票管理、车站票务组织管理、AFC 系统设备设施管理等。

2）城市轨道交通的调度指挥

（1）运输调度生产组织系统。为统一指挥整个轨道交通系统，有序组织运输生产活动，运营单位应设置全线统一的调度指挥中心，实现行车、电力、环控调度集中功能。调度机构是轨道交通日常运输工作的指挥中枢，凡与列车运行有关的各部门、各工种都必须在调度机构的统一组织指挥下进行日常运输生产活动。它的基本任务是：科学地组织客流，经济合理地使用车辆及运输设备，挖掘运输潜力，提高运输效率和经济效益，与有关各部门密切配合、协同动作，确保实现列车运行图，努力完成运输生产任务，为城市经济建设和人民生活服务。

在日常运输工作中，为统一指挥、有序组织运输生产活动，城市轨道交通系统设立控制中心。为对复杂的运输生产活动进行全面指挥和监督，控制中心实行分工管理原则，将整个运输生产活动按照业务性质划分成若干部分，设置不同的调度工种，实行分工管理。调度机构通常设置行车调度、电力调度和环控调度等调度工种。其中，值班调度主任是调度班组工作的组织者和领导者，其主要工作职责是传达、贯彻和执行上级有关文件、命令及指示，负责完成本班组各项运输指标，主持接班会，布置有关注意事项，检查安全生产情况，掌握列车运行图执行情况，负责施工和救援工作的把关，主持事故分析会。

（2）行车调度。行车调度是调度机构的核心工种，它担负着指挥列车运行、贯彻安全生产、实现列车运行图、完成运输计划的重要任务。行车调度员是列车运行的统一指挥者,负责监控或操纵列车运行控制设备,掌握列车运行、到发情况,发布调度命令,检查各站、段执行和完成行车计划情况,在列车晚点或运行秩序紊乱时采取有效措施尽快恢复按图行车,负责施工要点登记,发生行车事故要迅速采取救援措施,并向上级和有关部门报告,填写各种报表。

列车运行是城市轨道交通系统日常运输生产活动的重要内容,行车调度员负有指挥列车安全、正点运行的责任。为了保证行车调度员的素质和业务水平,应高度重视行车调度员队伍建设。

(3)行车调度指挥方式。根据采用的调度指挥设备类型,轨道交通行车调度指挥方式主要有行车指挥自动化、调度集中和调度监督三种。行车指挥自动化是20世纪80年代发展起来的先进的行车调度指挥方式。调度集中是20世纪80年代以前普遍采用的行车调度指挥方式。在新线建成投入运营,但列车自动控制系统尚未安装或调度完毕的过渡期,采用区间闭塞设备、实行调度监督是经实践检验较经济实用的行车调度指挥方式。

行车指挥自动化是指在行车调度员监控下,由双机冗余计算机组等设备构成的列车自动监控子系统完成列车运行的控制任务。监控子系统是计算机控制调度集中设备、指挥列车运行的一种自动远程遥控设备,由控制中心监控设备、车站监控设备等组成。此时,基本闭塞法为自动闭塞法,通常还采用列车自动保护和列车自动运行子系统,三个子系统构成列车自动控制系统,列车自动控制系统具有列车运行自动化和行车指挥自动化功能。在监控子系统因故不能使用时,改为调度集中控制的轨道交通线路,行车指挥实行自动化控制。

调度集中是指行车调度员通过调度集中控制设备控制所管辖线路上的信号和道岔,办理列车进路,组织和指挥列车运行。调度集中控制设备是指挥列车运行的一种远程遥控设备,由控制中心的调度集中总机、进路控制终端、显示盘和列车运行记录仪、闭塞设备、调度集中分机和数据传输设备以及联锁设备等组成。此时,基本闭塞方法为自动闭塞法,列车运行以驾驶员操纵为主。在调度集中控制因故不能实现时,改为车站控制。车站值班员在列车调度员的指挥下,办理列车进路,接发列车。

调度监督是一种行车调度员能监视现场设备和列车运行状态,但不能直接进行控制的远程指挥方式。通常是地铁新线在尚未安装信号系统情况下投入运营时采用的过渡时期的调度指挥方式。为了实现调度监督,除控制中心的显示盘等设备外,还需要在车站安装行车控制台、道岔局部控制设备及出站信号机等临时信联及出站信号机等信联闭设备。在调度监督情况下,由车站值班员排列列车进路、开闭出站信号,行车调度员通过显示盘监督线路上各车站信号机开闭显示、区间闭塞情况和列车运行状态,组织指挥列车运行。

北京市轨道交通指挥中心运营情况如专栏11-2所示。

专栏11-2:北京市轨道交通指挥中心

北京市轨道交通指挥中心二期工程于2010年10月底正式开工,预计于2012年底完工。建成后将可承担起北京未来规划建设的19条轨道线路的指挥控制、票务清算等功能,从而解决北京2020年前轨道交通线网全部规划线路的控制中心问题,实现全世界最大的联网收费系统设备的一体化管控。

北京市轨道交通指挥中心一期工程已于2008年1月投入运行,该中心包括了轨道交通路网指挥调度中心、路网票务清算管理中心、14条轨道交通线路的控制中心及相应配套设施。投入使用三年多来,主要承担正常运营协调、应急辅助、联网运营等任务,对于提高突发事件处置能力,实现统一维护管理,提升北京市轨道交通管理水平,充分发挥轨道交通的网络化运输能力,改善轨道交通的运营服务和方便百姓出行等方面发挥了重要作用。

随着北京轨道交通的发展,一期工程只能满足已经运营的9条线路和年底即将通车的5条线路管理。为了适应北京轨道交通发展,未来建成的二期工程将预留后续19条线路的接入,可以保证北京2020年前轨道交通线网全部规划线路的控制中心问题,确保轨道交通路网指挥中枢运行,使北京轨道交通网络化运营管理迈上新台阶。

第十二章　服务质量管理

服务质量管理是公共交通企业管理的重要组成部分,对于贯彻实施企业的经营方针,提高企业运营服务整体水平具有重要意义。近年来,我国广大公共交通企业本着"服务为本、乘客至上"的理念,强化服务管理体系建设,积极推行标准化公共交通服务,取得了显著成效。

第一节　服务质量管理的含义和内容

1. 服务质量管理的含义

城市公共交通的服务质量管理是公共交通企业的管理者对满足乘客出行基本需求而提供安全、便捷、环保、舒适、经济的服务进行全面管理的过程。广义的公共交通服务是为社会提供具有特殊使用价值的服务成果,这种服务是由乘务人员、调度人员、驾驶人员、检查人员的直接劳动和维修人员、后勤人员、管理人员的间接劳动相结合,通过运营车辆和站务设施表现出来的综合性服务。而狭义的公共交通服务是通过交通工具来实现的,这种直接面对乘客的服务是由驾驶员、乘务员的直接劳动和管理人员的间接劳动相结合,并通过公共交通车厢内表现的,可以概括为在运营车厢内直接为乘客提供的乘车条件的总和。通常公共交通企业所指的服务质量管理工作包括对公共交通车厢服务质量的管理、对车辆卫生的管理、对站台秩序的管理、对从业人员的管理等。

2. 服务质量管理的内容

(1)根据企业的性质与价值观对车厢服务的全过程进行管理、监控,向乘客提供优质的服务。

(2)确定服务管理的目标,制订服务管理计划并组织贯彻落实。

(3)组织服务管理机构,指导专业管理人员履行职责。

(4)制定并不断完善一整套检查、监督、控制、考核服务质量的方法和管理制度。

（5）管理驾驶员和乘务员，经常开展有关车厢服务及职业道德的培训、教育，培养和树立先进典型，奖优罚劣，充分调动服务人员的积极性。

（6）坚持调查研究，不断总结服务管理经验，接受社会监督，努力探索提高服务管理水平和整体运营水平的途径。

第二节　服务质量的监控管理

1. 服务质量的内部监控管理

1）服务质量的内部监控管理的内涵

服务质量的内部监控管理是服务质量管理的主要手段之一，其核心是企业通过内部一定的组织形式对服务质量信息进行收集、整理、归纳、分析、处理、反馈的管理，也就是把来自公共交通服务现场（车厢、站台、大厅）的服务质量信息，经过加工整理，以数据、文字、记录和图表等形式反馈、传输到服务管理部门，为改善公共交通服务、加强质量管理提供信息资料，是企业利用内部力量对服务质量进行的管理，是服务质量管理的内部形式。

2）服务质量内部监控的程序

服务质量内部监控的程序就是指实施服务质量监控的先后次序，即进行服务质量监控的操作过程。公共交通服务质量监控的程序如下：

（1）确定监控重点。公共交通运营服务"马路车间、点多面广、流动分散"的特点都给服务质量的监控造成了困难，因此对公共交通服务质量进行监控，首要的问题就是要确定监控重点。确定监控重点就是抓住主要矛盾和关键部位。

（2）拟定监控方案。监控重点确定之后，就要根据监控对象的特点拟定相应的监控方案。监控方案就是对监控重点实施质量监控的计划，在监控方案中要明确实施监控的时间、方式、任务、内容等。

（3）执行监控方案。执行监控方案是服务质量监控的实质工作，按照拟定的监控方案，对服务质量实施具体的监控，也就是各级专业管理人员、专职稽查人员对服务质量进行的检查、考核过程。

（4）分析监控信息。分析监控信息就是对执行监控方案过程中获得的服务质量信息，进行统计、分析、加工、整理成数据或文字资料，使之能够反映出服务质量的状况。

2. 服务质量的外部监督管理

1) 服务质量外部监督的内涵

公共交通是面向社会的,公共交通服务的开放性,决定了服务质量无条件置于社会各界监督之下的必然性;公共交通服务的流动性、分散性,又决定了服务质量离不开乘客监督的必要性;公共交通由乘务人员为乘客提供人对人、面对面的服务,因此,乘客对公共交通服务质量的评价又最有权威性、客观性和公正性。服务质量外部监督是与服务质量内部监控相辅相成的,是公共交通服务质量管理的重要组成部分,是企业利用社会力量对服务质量进行的管理,是服务质量管理的外部形式。

2) 服务质量监督的渠道

(1) 行业管理机构监督。指城市公共交通行业管理机构对公共交通服务质量进行监督,行业管理机构监督具有针对性、指导性和权威性。

(2) 人大代表和政协委员等监督。

(3) 乘客(群众)监督。乘客监督就是群众监督,是对公共交通服务质量最普通、最广泛的社会监督,是服务质量监督的主渠道,主要方式是来信、来电、来访。

(4) 新闻媒体监督。新闻媒体监督是指包括报纸、电台、电视台、网络等新闻单位对公共交通服务质量的监督,因为新闻媒体的报导具有舆论性,所以对公共交通服务质量具有较大力度的监督。

(5) "服务热线"监督。"服务热线"监督是指在有条件的大中城市公共交通企业专门开通的为乘客提供出行服务和受理乘客监督的电话专线,"服务热线"监督是乘客监督的扩展和补充,其功能受到社会各界的好评。

第三节 服务质量管理的实践

综合对部分城市公共交通企业调研情况来看,强化服务管理体系建设和开展标准化服务主要包含以下几个方面的工作。

1. 服务管理体系构建

在"郑州宣言"——"公交优先在中国,让我们做得更好"的指引下,各地公共交通企业能够把优质公共交通服务的理念提升到企业发展战略的高度,真正把关注乘客需求作为运营生产组织的出发点和落脚点。在这一理念的指导下,公共交通企业着力完善内部服务管理体系,建立服务质量目标责任制,并以此为纽带,理清服务管理工作职能和责任层次,逐步建立以乘客需求为导向的、涵盖企业各层级、各业务板块的主动式服务质量管理体系。

2. 标准化服务提供

部分城市公共交通企业实行公共交通服务质量社会承诺制度,通过新闻发布会、网络及公共交通车厢内张贴等方式向全社会公布公共交通服务质量及相关标准承诺,承诺内容包括驾乘人员的服务态度、行为举止、车辆卫生、首末班车发车准点率、发车间隔及运营规范等,使公共交通企业的服务质量、运营调度水平及企业管理能够广泛接受政府和社会各界监督。在此基础上,公共交通企业制定更为严格的服务质量标准、服务管理工作规范,在公司范围内统一服务质量标准、统一服务质量检查要求、统一服务质量评价体系,确保服务承诺能够全面落实和量化考核。

青岛公交集团社会服务承诺制度如专栏12-1所示。

专栏12-1:青岛公交集团社会服务承诺制度

青岛公交集团推出12项社会服务承诺:

(1)驾驶员、乘务员、调度员、IC卡工作人员上岗衣着整洁,仪表大方;

(2)运营车辆卫生清洁;

(3)车内设施(座椅、扶手、玻璃)齐全完好;

(4)始发站运营车辆提前进站上客;

(5)运营车辆首末车准点发出;

(6)运营车辆按规定路线行驶,规范进出停靠站,乘客上下完毕立即驶离站点;

(7)运营车辆遵章守法,按规定标志、标线行驶,夜间开启照明灯;

(8)运行中报站准确,主动照顾特需乘客,热情解答乘客咨询,服务用语文明;

(9)严格执行收费标准,无人售票车票据齐备,售票中唱收唱付;

(10)运营车辆因故不能继续运营,无人售票车做好乘客在本线路的换乘工作,有人售票车及时退还乘客票款;

(11)已更新车辆,杜绝"冒黑烟"现象;

(12)按规定营业时间办理 IC 卡,收款时唱收唱付。

3. 星级考核评价机制建设

1)星级考评机制的内容

部分城市公共交通企业在推行标准化、规范化公共交通服务的基础上,不断推行服务管理创新,将星级评价管理机制引入到公共交通服务管理中,制订一套涵盖基层终端及一线员工的关键评价指标体系,建立车队、线路、员工星级考核评价机制,在不同车队、线路和员工之间自发地形成一种"比、学、赶、帮、超"的氛围,从而带动整体服务质量的提升。

2)星级考评机制的要点

(1)构建基于服务质量标准体系的关键评价指标体系,作为星级评级的基准和依据,对于每一个指标明确不同星级的标准,例如车容车貌、车辆状况、投诉率、事故频率等指标都是星级考核评价的关键性指标。

(2)全员参与,通过建立与星级考核评价相对应的绩效考核体系,将员工的薪酬水平、职位晋升等与星级等级挂钩,实现企业要求和个人成长的有机结合。

(3)重视组织架构和考核评价流程的构建,从组织上、制度上、流程上确保此项工作的顺利开展。

(4)星级考核评价机制从基层终端(如车队、车间等)和员工两个维度共同开展,打造卓越基层终端。

(5)抓好典型基层终端及员工的宣传,充分利用各种新闻媒体渠道,定期宣传和报道高星级基层终端及员工的先进典型案例,营造创先争优的良好氛围。

(6)星级考核评价要实行动态管理,建立持久提升的长效机制,根据内外部发展环境变化和公共交通服务提升的需要,动态调整星级考核评价指标体系和考核评价机制。

济南公交星级管理制度如专栏12-2所示。

专栏12-2：济南公交星级管理制度

济南公交于2004年开始运行"星级管理"，在公交线路、驾驶员、修理工和车辆保洁员中推行"星级服务"奖励制度，从硬件、软件等方面全面提升济南公交的服务能力和服务水平，形成了"后方为运行，机关为基层，全员为乘客"的全方位、立体化服务机制，全面提升了企业的整体管理水平。2006年企业获四星级驾驶员称号的达337人次，获五星级驾驶员称号的达32人次。在2006年144条线路中，有60%的线路达到过星级线路的标准。与此同时，公司加强星级考核工作。2006年企业用于星级车队、星级驾驶员的奖励1000万元全部落实到位。自实施星级奖励以来，企业共支出奖励资金700多万元，极大地调动了职工的积极性。据统计，2006年企业车厢服务合格率达98%，比2005年上升了2个百分点。乘客满意度由过去的不足80%上升到85%。济南公交星级驾驶员、星级线路考核工作流程如图12-1所示。

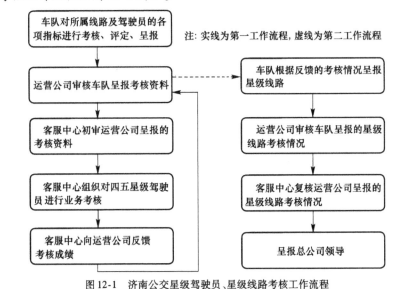

图12-1 济南公交星级驾驶员、星级线路考核工作流程

4. 乘客满意度调查

近年来，随着先进管理理念的不断培育和主动服务意识的增强，部分城市公共交通企业改变以往只通过加强内部管理提升服务水平的做法，转而通过既强化内部管理又注重外部需求的双重措施，持续提升公共交通服务水平。

乘客满意度调查旨在通过对乘客满意情况持续进行定性或定量的测量、分析，了解乘客对本公司公共交通服务的评价，从而提供改进依据，并不断提高乘客的满意程度。乘客满意度调查通常包含以下几个步骤：

（1）根据企业内外部发展环境变化，明确乘客满意度调查的目的，编制详尽的调查计划，计划中要明确调查的目的、范围、调查方式、调查内容、时间、地点等。其中调查方式有问卷调查、电话调查、直接交流等，一般采用问卷调查方式或交由第三方专业机构实施调查。

（2）根据调查计划编制针对性、可行性强的《乘客满意度调查表》，表格中应包括准点率、候车时间、行车安全、服务态度、服务设施、车容卫生等内容，并根据不同时期的工作重点进行调整。

（3）周密部署，做好调查的人员保障及相应后勤保障工作，严格按照调查计划实施乘客满意度调查。在问卷调查方式中，要注意调查表格的发放、填写及回收工作，确保回收率至少达到派发总数的一半以上。

（4）将回收的《乘客满意度调查表》及时进行分类、整理、统计，对所有项目的满意情况进行综合统计，以确定乘客满意度总体水平；对每个项目的满意情况进行分类分析，以确定每个项目的满意度。在此基础上形成详尽的乘客满意度调查报告，要明确指出乘客满意度现状、存在问题及改进机会等。

（5）根据乘客满意度调查报告制定严格的整改措施，并对整改过程实施跟踪落实，持续提高乘客满意度。

深圳巴士集团乘客满意度调查实施情况如专栏12-3所示。

专栏12-3：深圳巴士集团乘客满意度调查

深圳巴士集团近年来十分关注乘客需求和满意度。该公司建立了一套符合行业及企业实际的满意度调查模型和成熟的调查方式，每年组织两次全面、大型的满意度专项调查,了解广大市民需求,并形成满意度调查分析报告。深圳巴士集团参照顾客满意度指数 ACSI 模型的原理,乘客满意度由乘客期望、感知质量、感知价值决定,结合公共交通企业的行业特点和行业第三方满意度调查,设计了深圳巴士集团乘客满意度调查模型。巴士集团的乘客满意度模型由经济性、安全性、便捷性、有序性、舒适性、司乘服务六项指标构成,并通过在问卷设置"您对六项公交服务指标最关注的是什么?"的问题,采取共同度法确定各项指标的影响权重。

乘客满意度调查问卷每个问题均设置五个选项:很满意、满意、基本满意、不满意、很不满意,并对应设置分值为 100、85、75、50、30(行业标准)。根据加权法计算出乘客满意度值。

在推进乘客满意度调查这项工作过程中,巴士集团根据企业发展环境的变化和市民对于公交的需求变化,主动地改进工作推进方式,使乘客满意度调查工作能够得到持续、动态地提升。近年来巴士集团乘客满意度调查改进轨迹如图 12-2 所示。

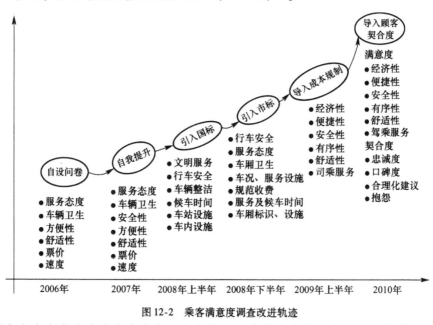

图 12-2 乘客满意度调查改进轨迹

5. 服务质量监督

各地公共交通企业在推行标准化、规范化公共交通服务,持续提升公共交通服务水平的同时,也十分注重对公共交通服务质量的监督工作,不断拓宽公共交通服务质量监督渠道,推动企业与社会、乘客的良性沟通。具体包含以下几个方面的措施:

(1)在公共交通车辆、公共交通首末站公布服务监督电话及意见箱(簿);

(2)在客流量大的首末站及集散点设置乘客意见咨询服务台;

(3)推行"民意车厢"进社区活动;

(4)聘请社会义务监督员,实地监督公共交通服务;

(5)设置公共交通服务投诉处理机构、热线及网络化平台;

(6)成立新闻办公室,设立新闻发言人,主动与媒体沟通;

(7)成立"巴士之友",搭建企业与公共交通乘客的活动平台。

北京公交集团服务质量监督实施情况如专栏12-4所示。

专栏12-4:北京公交集团公司服务质量监督

北京公交集团公司于1999年12月10日正式开通"公交李素丽服务热线",实行24小时服务。热线坚持"乘客出行的向导,解答询问的智囊,质量监督的渠道,联系市民的桥梁"的服务宗旨,以其方便快捷的服务功能和有效的社会监督,受到了广大市民群众的欢迎和好评。热线开通至今,坚持实行规范化、科学化、人性化管理,以感情带队伍,树立团队精神,提高集体的凝聚力,营造团结友爱、充满亲情的大家庭氛围。几年来先后建立了《公交服务热线管理规定》、《接线员工作程序及标准》等多项规章制度,使热线管理工作做到了有章可循。热线还设立了党员学习园地、团员学习园地、生活园地及通讯报道园地,形成了良好的工作氛围。在全体接线员中,坚持长期开展"四个规范"的教育活动,即:语言规范、行为规范、程序规范、管理规范教育。在工作中,接线员做到面带微笑、态度热情、口气柔和、接听耐心、询问细致、解答清楚、记录完整。在实践中,热线还总结出"四股劲儿"的服务方法:对老年人要有一股亲热劲儿,对残疾人要有一股关心劲儿,对外地人要有一股耐心劲儿,对非礼者要有一股感化劲儿。这些方法对服务质量的提高发挥了重要作用。

接线员还利用业余时间到公交沿线的宾馆、商厦、医院、学校、机关单位进行实地调查,把换乘的距离用步幅计量并做好记录,几年来,累计勘察了全市的700多条公交线路,站点1000多个,积累了上万字的勘察记录,基本满足了咨询服务的要求。为了迎接2008年奥运会,为世界各地的宾客提供良好的服务,热线自编了基础英语20句,自学北京人英语300句,苦练外语服务的基本功。(资料来源:北京市总工会技术英才网及首都之窗网站)

第十三章 安全管理

安全管理是城市公共交通企业日常管理的首要任务和基本责任,保障车辆的运营安全是安全管理的核心目标,也是实现城市公共交通企业社会效益和经济效益的前提和基础。近年来,城市公共交通企业不断强化安全管理责任意识,从制度上、组织上、机制上、技术上不断提升公共交通企业安全管理水平,特别是加强了重特大活动下企业运营的安全管理研究与实践。

第一节 安全管理的含义和内容

1. 安全管理的含义

安全管理是企业管理的一个重要组成部分,它是以安全生产为目的,履行有关安全工作的方针制定、组织、指挥、协调控制等职能,合理有效地使用人力、财力、物力、时间和信息,为保障安全而进行的各种活动的总和。从城市公共交通企业的行业特性和生产实践来看,公共交通企业安全管理主要包含运营安全管理、生产安全管理、治安保卫管理和消防安全管理四个方面。考虑到城市公共交通企业的特点,本书将着重讲述运营安全管理方面的内容。

2. 安全管理的任务和内容

运营安全管理工作的主要任务是:要做到遵规守法,坚持"安全第一、预防管理、综合治理"的方针,坚持以人为本的科学发展观,建立全面完善的运营安全管理责任制;以预防为主,贯彻科学有效的管理和切实有效的措施,消除各类运营安全隐患,确保乘客生命和财产安全。主要包含以下内容:

(1)根据安全生产相关法律法规,建立、健全以运营安全管理责任制为核心内容的各项管理制度和规定,研究制定运营安全管理工作标准和安全操作规程。

(2)建立培训制度,研究制订安全管理人员及驾驶员、乘务员安全培训计划,努力提高相关人员的业务素质和管理水平。

(3)坚持预防为主的方针,抓好各类行车责任事故的预防工作。掌握安全行车规律,制定预防措施,定期组织安全教育及岗位练兵活动,关心运营驾驶员的生活,维护其切身利益。

(4)严格做好安全管理督查工作,定期或不定期对影响运营安全的薄弱环节及隐患进行全方位排查,开展经常性的专项整治工作,确保各类安全管理制度能够有效落实。

(5)通过运营安全责任体系建立运营安全管理考核评价制度,层层签订运营安全管理目标责任书,将运营安全管理的各项指标与各级责任人及管理人员的待遇相挂钩,做到有奖有罚,激发全员运营安全管理意识。

(6)按照事故"四不放过"(事故原因未查清不放过、责任人员未处理不放过、整改措施未落实不放过、有关人员未受到教育不放过)制度要求,做好事故的善后处理工作,最大限度地降低各类运营安全事故的影响。

(7)认真组织好运营安全各类情况的统计和上报工作,建立和完善运营安全基础管理台账和驾驶员(事故)档案管理制度,保障运营安全管理的制度化、规范化和科学化。

第二节 安全管理的主要指标

安全管理指标是从行车事故统计中来体现的,它可以反映出一个企业的安全行车情况和其在同行业中的安全行车水平。

1. 城市公共交通企业事故统计基础数据

1)事故总次数

事故总次数是指城市公共交通企业在报告期内发生的特大事故、重大事故、一般事故、轻微事故的次数(小事故只作处理不作统计)。

(1)特大事故是指一次造成死亡3人以上;或者重伤11人以上;或者死亡1人,同时重伤8人以上;或者死亡2人,同时重伤5人以上;或者财产损失6万元以上的事故。

(2) 重大事故是指一次造成死亡 1 至 2 人,或者重伤 3 人以上 10 人以下,或者财产损失 3 万元以上不足 6 万元的事故。

(3) 一般事故是指一次造成重伤 1 至 2 人,或者轻伤 3 人以上,或者财产损失不足 3 万元的事故。

(4) 轻微事故是指一次造成轻伤 1 至 2 人,或者财产损失机动车事故不足 1000 元,非机动车事故不足 200 元的事故。

2) 责任事故次数

根据责任承担情况不同,事故分为城市公共交通企业负全部责任、主要责任、双方责任和次要责任的行车事故等,城市公共交通企业应分别进行统计。

3) 事故伤亡人数

事故伤亡人数是指由于行车事故造成的伤亡人数,包括因事故导致伤亡的乘客、行人和公共交通企业的职工。伤亡人数统计时应分为:受伤人数(造成重伤和轻伤的总人数)、重伤人数(因交通事故造成受伤致残人数)、死亡人数(因事故造成的死亡人数)。

4) 直接经济损失

直接经济损失是指城市公共交通企业车辆发生事故所造成的车辆、财物损失费用、修理费、赔偿费等。

2. 事故统计指标计算

城市公共交通企业在做好事故次数、伤亡人数及经济损失基础数据的统计工作后,应对基础数据进行一定的计算处理,以便于掌握事故发生的概率及影响大小的衡量,同时也利于行业中各企业安全水平的比较,具体计算方法有两种。

1) 按照百车计算(事故百车率)

(1) 事故频率 = 事故次数/(平均运营车辆数/100)　　　　(次/百车)

(2) 行车事故受伤率 = 受伤人数/(平均运营车辆数/100)　　(人/百车)

(3) 行车事故死亡率 = 死亡人数/(平均运营车辆数/100)　　(人/百车)

(4) 行车事故直接经济损失率 = 直接经济损失/(平均运营车辆数/100)

(元/百车)

2) 按照百万车公里计算(事故百万车公里率)

(1) 事故频率 = 事故次数/(总行驶里程/1000000)　　(次/百万车公里)

(2) 行车事故受伤率 = 受伤人数/(总行驶里程/1000000)

(人/百万车公里)

(3) 行车事故死亡率 = 死亡人数/(总行驶里程/1000000)

(人/百万车公里)

(4) 行车事故直接经济损失率 = 直接经济损失/(总行驶里程/1000000)

(元/百万车公里)

第三节　安全管理重点

运营安全管理工作是一项涉及业务面广、要求责任心强的综合性管理工作，不仅要做到依法管理，建立和完善纵向到底、横向到边的安全管理机制和网络；还要结合企业的发展及管理实际，建立和健全行之有效的运营安全管理制度和工作标准。做好运营安全管理工作，不仅要建立在科学管理的基础上，以预防工作为中心，掌握事故规律，制订监控防范措施，做到"关口前移，重心下移"，而且要坚持"以人为本"的理念，建立和培养一支思想觉悟高、业务素质强、有较高管理水平的运营安全管理队伍。在此基础上，还需要重点做好以下五个方面的工作：

1. 严格落实运营安全管理制度和规定

制度和规定是要求大家共同遵守的办事规则和行为准则，对于安全管理工作而言，更是要严格执行各项制度和规定，从细节入手，确保各项安全管理工作能够有效地落实到位。

2. 抓好对驾驶员的安全教育和培训

通过对各类运营交通事故(包括车厢内乘客摔伤、车门夹伤乘客等服务事故)的统计分析表明：车辆行驶的安全与否，主要依靠驾驶员的安全意识、操作技术、生理及心理功能和职业道德素质。因此，抓好运营驾驶员的安全教育和培训，努力提高他们的职业素质和安全驾驶技能，既是运营安全管理的一项重要基础性工作，又是发挥驾驶员主观能动性、保证车辆安全运行的重要前提和基础。驾驶员的教育培训工作要结合企业运营实际,注重实效,要根据国家相关安全教育培训的要求,针对运营驾驶员必须掌握的道路交通安全法、驾驶员安全操作规程、安全行车相关知识等,结合各类典型案例,编制经常性的安全教育和培训计划,按照计划的步骤和要求有针对性地开展相关工作。

3. 严格路查制度,杜绝违法违规驾驶行为

从源头上杜绝各种违法违规驾驶行为,是保证公共交通车辆安全运行的重要前提。运营驾驶员的安全意识淡薄,遵纪守法的观念不强以及不安全的驾驶行为,最终都会表现在违法违规等驾驶行为上。因此,严格路查制度,到运行路线和各个事故易发的路段、路口检查各种违法违规驾驶行为,是做好事故预防工作的有效措施。各级安全管理部门和每个安全管理人员都要把路查制度作为运营安全管理的一项重要工作抓好落实,对查出的各种违法违规行为都要严格教育、从严处理。

4. 严格落实车辆安全设施检查制度,杜绝病车上路

《中华人民共和国道路交通安全法》第二十一条明确规定:"驾驶人驾驶机动车上道路行驶前,应当对机动车的安全技术性能进行认真检查;不得驾驶安全设施不全或者机件不符合技术标准等具有安全隐患的机动车。"从近年来我国出现的部分公共交通车辆运行事故来看,开病车上路也是一个非常严重的安全隐患。因此,严格落实车辆设施安全检查制度,尤其对转向和制动(包括驻车制动器)系统的检查更要格外重视,这也是做好事故预防工作的有效措施。各级安全管理部门都要把车辆安全设施检查制度同路查制度一样看待,将其作为运营安全管理和事故预防工作的重点,抓好落实。

5. 实行严格的考核评价制度

实行考核评价制度是公共交通企业安全管理工作制度化、规范化、科学化和常态化的必然要求,是各类安全管理制度、措施有效落实的保障。运营安全管理考核评价要逐级按月进行,考核评价的结果要及时通报各个单位。考核评价制度主要包括以下几个方面:

(1)制定运营安全管理考核评价的项目、内容、标准及处罚规定;

(2)对运营安全管理台账(事故档案)和各类检查原始资料进行查阅,考核评价各项运营安全管理制度的落实情况;

(3)对当月发生的各类行车责任事故进行核实,考核评价各项运营安全控制指标的完成情况;

(4)通过运营安全管理台账,检查核实所属单位和部门对运营安全管理考核评价及处罚的落实情况。

第四节 安全管理实践

1. 建立规范的安全管理制度与流程体系

各地公共交通企业根据国家及当地在交通安全、消防安全、综合治理等方面的法律、法规和企业实际需求,制订公司各个层级的安全管理制度、规定和流程,从安全管理各个环节包括教育培训、安全检查、隐患整改、事故报告及事故应急救援预案等全方位进行明确规定;并对各级安全管理机构及安全责任人的职责、权限和义务进行了明确细致的规定,确保整体安全管理工作横向到边、纵向到底、无漏洞、无死角。从对各地公共交通企业的调研情况来看,目前运营安全管理制度主要包括安全例会制度、路查制度、车辆安全设施检查制度、驾驶员分类制度、事故"四不放过"制度、事故报告制度、肇事驾驶员处理制度等。在完善制度基础上,公共交通企业还根据不同层级管理人员的职责和权限,制定了一系列操作规定及流程,确保安全管理做到细致、严谨。

2. 健全组织机构,明确责任保障体系

部分城市公共交通企业设立安全管理委员会,由总经理担任主任,主管安全生产的副总经理担任副主任,成员由各职能部室负责人、运营生产单位的第一责任人和聘用的注册安全主任组成。在此基础上构成安全管理委员会—运营生产单位—基层单位三级安全管理组织架构,各级安全管理机构履行相应的安全管理职责。

此外,公共交通企业还建立了安全生产目标管理责任制,根据上级下达的各项安全控制指标和工作任务,研究制定本层级的安全管理目标及工作任务总体规划,并对各项控制指标进行量化分解,落实到各具体单位和个人,层层签订《安全生产目标管理责任书》,形成全面的安全生产逐级负责管理网络,保证责任到岗,责任到人。

3. 建立完善的闭环安全管理网络体系

各地公共交通企业依托健全的安全管理制度和长期积累的安全管理经验,借助先进的科学技术和扎实的安全基础管理工作,以"安全责任"为纽带,建立了"事前防范—过程监控—成效考核—持续改进"四个层次的安全管理网络体系,如图13-1所示。

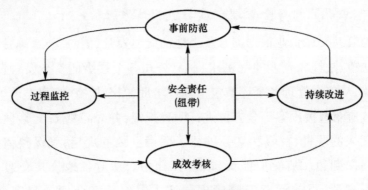

图13-1 安全管理网络体系

1) 事前防范

(1) 严格把关驾驶员的招聘、考评工作,从源头上确保安全生产。

(2) 建立严格的安全培训制度,研究和制订每年度对安全管理人员和一线员工的安全培训计划并严格执行,从技术和安全意识方面提高安全生产水平。

(3) 严格落实驾驶员年度体检制度,每年对驾驶员进行一次体检,对体检不合格的驾驶员予以调整工作岗位。

(4) 强化心理干预,运用"生理节律"测试系统,合理计算、分析驾驶员的心理节律,合理安排心理及情绪处于低谷的驾驶员轮休,避免情绪低落期的驾驶员上岗。

(5) 抓好车辆技术保修环节,执行三检、例检工作,杜绝故障车参与运营,确保运营车辆具有良好的技术状况。

2) 过程监控

(1) 执行安全生产档案管理制度,严格遵守"一员一档"原则,建立内容完整、记录真实的驾驶员安全档案。

(2) 加强安全检查制度的落实,对威胁安全运行的薄弱环节和事故隐患进行认真整改。

(3) 运用各种技术装备和方式,对各种违法违规驾驶行为开展经常性的专项整治工作,对不符合预防措施的现象和行为,及时采取果断措施,防止行车事故发生。

(4) 做好安全管理工作,提高安全事故的处理能力,确保安全事故的应急援救工作能迅速、及时地开展,按照事故"四不放过"的制度要求,做好善后处理工作,防止事故的扩大,将事故造成的损失与负面影响降到最低。

3) 成效考核

成效考核主要是指建立安全管理考核评价制度,研究和制定评价周期内安全管理主要指标的考核标准,各项主要指标的完成情况与各级主要责任人和管理人员的工资、奖金等挂钩,并实施责任追究和奖惩制度。

4) 持续改进

持续改进主要是指要定期对企业安全管理工作进行系统性总结和反思,对于先进和典型案例要进行广泛宣传和推广,对于管理中存在的问题和安全漏洞要及时整改,持续改进,从而推动公共交通企业安全管理水平的不断提升。

4. 完善安全基础管理的台账建设

建立和完善安全基础的管理台账,是做好安全工作的重要环节,是安全管理工作制度化、规范化、科学化管理的具体内容和要求。目前,各地公共交通企业安全基础管理台账主要有行车事故报表、驾驶员分类统计表、行车事故归档表、驾驶员档案及登记表、驾驶员安全里程统计表、经济责任赔偿登记表、安全管理基础台账检查考核登记表、驾驶员违章处理登记表、罚款通知书、月度及年度行车安全综合报表等。

5. 强化重特大活动突发事故的应急能力

近年来,各地公共交通企业在强化常规安全管理工作基础上,着力强化各类突发安全事故的应急管理能力,从应急组织保障、预案编制、措施及流程制定等方面都开展了大量的工作,取得了很好的成绩,有效避免了一些突发应急事件对社会、企业造成的损失。具体工作主要包含以下几个方面:

(1)成立应急指挥中心和各层级、多类别的应急小组,从组织机构上确保各类突发事件应急指令在各个层级能够及时响应,并明确了各级应急机构的职责和权力,确保应急处理及时高效。

(2)根据重特大活动可能会面临的突发应急事件,建立风险细分、对策明确、权责明晰的应急处理预案,包括重特大交通事故应急处理、重特大公共交通恐怖事件应急处理、重特大活动群众疏散以及企业员工大规模集聚上访、罢运等突发事件。

(3)建立严格的事故应急处理演练机制,全方位开展重特大活动期间的风险沙盘分析和应急演练,提升应急实战技能,通过强化培训提高全员应急意识,公司每年、各下属运营单位每半年都组织应急救援方案演习。

(4)建立重特大活动期间值班制度,确保应急响应机制能够畅通有效,并在突发应急事件发生后,要确保应急人员、设备、器材等及时到位。

深圳巴士集团安全生产管理体系如专栏13-1所示。

专栏13-1:深圳巴士集团安全生产管理体系

深圳巴士集团树立了系统安全的生产理念,强调安全的预前管理,建立了完善的安全生产管理体系,成立了从集团、分公司到车队,覆盖所有业务的安全委员会。集团层面的安委会每半年(分公司每季度)召开一次安委会议,统一部署开展和督促检查集团的安全管理工作,对集团生产状态、阶段性安全评估进行审议,审议批准重要事故隐患整改方案及安全管理有关重要事项,通过各分公司分解并落实安全管理工作责任。

第十三章
安全管理

深圳巴士集团根据公交行业的特点和安全生产相关标准,对企业的安全生产进行全面的管理,对生产中的人、车、路、环境等要素进行全方位管理,有效处理潜在的安全隐患,具体的安全管理内容如表13-1所示。

表13-1

管理要素	管理内容	主要管理措施
人	入职把关	入职性格测试和资格审查
		岗前道路安全、服务、技术培训与实习
	安全培训	安全法规培训教育
		回炉培训制度
		应急预案演练实践操作
		员工安全手册
	情绪管理	心情晴雨表
		员工约谈制度
		人员不稳定因素排查制度
	综合管理	车辆技术状况自主"三检"
		路查路控
		安全文明示范队建设
车	车辆技术状况保障工作	车辆技术状况保养工作
		车辆技术可靠性保障工作
	技术安全隐患整改	新投放车型技术隐患整治
		旧运力技术隐患整治
路	道路安全风险识别和处理机制	道路隐患信息报告制度
		稽查队伍区域联防联控
		安全行车指引图
环境	环境隐患识别与防范	交通、综治安全生产监督流程
		财产安全管理流程
		安全隐患排查制度
		安全分级预警机制
其他要素	消防器材、油料安全管理	消防器材管理
		油料安全供应管理

第十四章 车辆技术管理

公共交通车辆是公共交通企业生产运营的核心要素,车辆技术管理水平的高低对于公共交通运营生产的正常开展和公共交通服务质量的提升具有重要意义。车辆技术管理必须服从政府部门对车辆的有关管理规定,并建立行之有效的车辆管理制度,将车辆的"管、用、养、修"有机结合起来。

第一节 车辆技术管理的含义和基本任务

1. 车辆技术管理的含义

城市公共交通企业的车辆技术管理是指通过对运营车辆的全过程管理,最大限度地为运营服务提供安全、可靠的车辆技术性能的全过程。车辆技术管理主要包含车辆的"管、用、养、修"四个方面。

2. 车辆技术管理的基本任务

(1)紧紧围绕城市公共交通运营生产的中心任务,根据运营生产规模及运营生产的计划提供技术管理保障。

(2)对车辆实行全生命周期管理,减少机械故障,提高车辆完好率和机械可靠性,最大限度地为运营服务提供安全、可靠、性能稳定的车辆。

(3)加强车辆技术的研究力度,不断提高车辆技术性能,特别是在新时期要强化对新能源及清洁能源车辆的研究及应用工作,大力发展低碳公共交通。

(4)加强技术管理人员、驾驶员及维修工的技术培训工作,及时掌握公共交通车辆的各类新技术、新信息,建立知识型的技术管理团队。

(5)根据企业发展战略及目标,制订涵盖车辆维修保养技术、节能减排技术及新能源、清洁能源车辆应用的中长期发展规划,并组织实施。

第二节　车辆的全过程管理

车辆的全过程管理,可以简单地分为全生命周期管理、季节性管理、日常管理和重点管理。

1. 全生命周期管理

车辆的全生命周期管理是指从购置新车开始直至车辆报废的全过程管理。

(1)购置新车。应根据城市公共交通结构升级和市场的需要及车型管理的要求来选择车辆。车辆购置后,车辆管理员应及时将车辆技术参数、主要总成的参数、使用日期等有关资料包括发动机、大梁的复印件等立卡建档。

(2)保养维修。车辆投入运营后,根据车辆行驶里程和保养制度的规定,安排车辆车身、机电等的保养和维修,并建立相应台账,实行质量监控、单车成本核算等,这一过程贯穿于车辆使用的全过程。

(3)过程控制。车辆过程控制管理贯穿于车辆使用的全过程,控制内容因各企业管理模式不同而不同,一般有车辆年检、节假日专项检查、例行保养、报废和季节性管理等。

(4)技术跟踪。对车辆技术状况进行跟踪,掌握其出现损耗及故障的规律,研究解决问题的办法,避免重复性质量事故的发生,为以后车辆购置、车辆选型、参数确定及技术改造打好基础。特别是在新车型、新总成、新技术、新材料应用的初期,必须进行专项技术跟踪。

(5)报废更新。企业应根据车辆使用年限、行驶里程或者环保要求等因素及时更新报废车辆。更新报废车辆必须按照国家有关车辆报废更新的规定执行,报废时必须健全报废手续,及时统一处置报废车辆,还要符合旧车报废对零部件处置的相关规定。

2. 季节性管理、日常管理和重点管理

(1)季节性管理。车辆应根据不同季节调整管理,加强检查。在不同的季节里,车辆燃料消耗、机件磨损、润滑油品种、蓄电池电解液比重、轮胎气压等均有所不同。尤其是在冬夏两季,冬季要预热、保温、防冻、防滑等;夏季则要降温、防爆、防气阻等。

(2)车辆的日常管理。车辆除正常的维修保养外,还需加强每日的管理工作,主要是指车辆的例行保养。驾驶员必须在车辆起动前、起动后、行驶中、交接班以及进场后做好例行检查和保养,消除安全隐患,减少故障,避免事故。

(3)重点管理。重点管理主要是指企业针对全年及节假日进行的年度和节假日专项检查方面的管理。年度和节假日专项检查是由城市公共交通企业技术管理部门,根据相关的管理规定,统一布置、统一组织的全面的车辆技术专项检查,例如春运开始前的车辆专项检查。

第三节 车辆技术管理的主要指标

公共交通企业的技术管理是企业在一定的生产条件下,实行计划管理和推行经济核算的基础,是考核和评价公共交通企业管理水平和运营水平高低的主要依据。这里仅列举常规汽油和柴油公共汽车的技术指标,主要有以下几项:

(1)完好车率。是指运营车辆的完好车日数与保管车总车日数之比,是技术部门为实现以运营服务为中心的一项重要指标,反映了技术系统的工作效率及提供完好车辆的效果。

$$完好车率 = (完好车日数/保管车总车日数) \times 100\% \quad (\%)$$

式中,完好车日数 = 保管车总车日数 - 正在保养、维修和暂时不具备运营条件的车日数

(2)燃料消耗率。是指运营车辆平均行驶100公里所消耗的燃料量,是考核各基层和驾驶员对燃料合理使用的一项重要技术经济指标,但统计时应根据不同车型分类统计。

$$燃料消耗率 = 耗油量/行驶总里程 \quad (升/100公里)$$

(3)车辆机件平均故障时间。是指运营车辆由于机件损坏或者失效而发生故障,从而影响正常运营的平均时间。

$$车辆机件平均故障时间 = 机件故障总时间/行驶总里程$$

$$(小时/100公里)$$

(4) 车辆平均故障次数。是指车辆在运营过程中,每行驶 10000 公里所发生的影响正常运营时间的机件故障次数。

车辆平均故障次数 = 机件故障总次数/行驶总里程

(次/10000 公里)

(5) 发动机大修平均间隔里程。是指运营车辆的发动机,从上次大修后投入运营时起到本次大修时止的平均行驶里程。

发动机大修平均间隔里程 = 各台大修发动机行驶里程总和/发动机大修台数

(公里)

(6) 轮胎平均报废里程。是指运营车辆使用的轮胎,自开始使用到报废为止(不管中间是否有翻新)的平均里程。在统计时应根据轮胎尺寸分组考核。

轮胎平均报废里程 = 各条报废轮胎实际行驶里程总和/报废轮胎条数

(公里)

(7) 轮胎翻新率。是指经翻新使用后报废的轮胎数占全部报废轮胎的比例。

轮胎翻新率 = (报废轮胎中经过翻新的条数 / 报废轮胎总条数) × 100%

(%)

(8) 小修频率。是指运营车辆平均行驶 1000 公里所发生的小修次数。凡各级保养以外临时发生的故障(包括进出场例行保养中发现和行驶中发生的一切故障)经过修理的,均应计算小修次数,凡结合各级保养进行的小修和驾驶员自行排除的故障不计入小修次数。

小修频率 = 小修总次数 / 行驶总里程　(次/1000 公里)

(9) 保养、维修材料费。是指车辆在保养、修理过程中每行驶 1000 公里所消耗的材料费用(不含车辆送厂改型和发动机大修费用)。

保养维修材料费 = 保养维修材料总费用/车辆行驶总里程

(元/1000 公里)

(10) 车间全员劳动生产率。是指车辆在车辆保养、维修过程中,每辆车所需要的实际全员人数,是评定车间管理及维保生产效率的一项重要指标。

车间全员劳动生产率 = (车间实际生产人数 + 管理人员数)/保管车辆折算成单车数总数　　　　　　　(人/辆)

第四节 车辆技术管理的实践

通过对国内部分城市公共交通企业的实地调研,近年来城市公共交通企业在车辆技术管理中开始运用一些新的方法,积累了新的经验。

1. 车辆技术管理的信息化变革

1) 企业资产管理系统

企业资产管理系统(EAM)是面向资产密集型企业的信息化解决方案的总称。它以优化企业维修资源为核心,以提高资产可利用率、降低企业运行维护成本为目标,通过信息化手段,合理安排维修计划与活动及相关资源的使用,通过降低成本提高企业的经济效益和市场竞争力。

2) EAM 的管理核心

(1) 倡导精细化生产方式。EAM 管理系统在公共交通企业运行后,将依靠计算机辅助信息管理系统,对车辆运营状态和车辆维修过程中的检测、报修、确认、派工、修理、检验、交付、质量服务各个环节的数据进行实时、准确、完整的采集,为车辆维修现场实施有效管理提供数据。

(2) 实行供应链管理。在运营系统、维修系统、配件供应商三大系统中形成供应环节链,运营系统是维修系统的客户,维修系统又是配件供应商的客户,形成以运营一线为中心并为其提供优质维修服务的核心供应链。

2. 建立符合企业发展需求的维修保养体制

近年来,各地公共交通企业以车辆完好率、车辆机械可靠性等关键性指标提升为突破口,以保障运营生产正常开展为目标,建立了符合企业发展实际及与车辆技术状况相适应的维修保养体制。

(1) 建立严格完善的技术标准体系。按照国家和行业主管部门技术管理标准和要求,结合企业实际情况,公共交通企业加强了技术管理标准及流程体系建设,制定各种车辆技术管理制度、技术标准及操作规范,如保养安全技术规范、视情修理安全技术规范、车容车貌技术质量标准等,使车辆技术管理、维保管理做到有法可依、有章可循。在维修保养过程中,强化原始记录工作,要真实、详细记录各类维保作业项目。

(2)改革维修保养体制,实现运修(运营、维修)分离。部分城市公共交通企业在近年来启动了运修分离改革,建立大型公共交通车辆维修中心,一改以往各个下属运营单位运修一体化"大而全"的体制,实现独立运作、职责分明;此外,运修分离可以打破地域限制,使维修保养资源在各个下属运营单位之间合理利用,真正形成专业化的维修保养体系。据了解,目前天津、成都、济南、徐州等地公共交通企业已开始实施运修分离体制。专栏14-1 为天津公交集团实行运修分离后的维保中心介绍。

专栏14-1:天津公交集团维保中心

天津公交斥资3000万元新建的维保中心维保能力达到年高级保养4000辆次、发动机大修2000辆次、车身翻新500辆,居全国同行业之首,囊括了车身维保车间、洗车场、喷漆车间和烤房、发动机解体车间、零件清洗间以及冷磨热试间、发动机实验室等部门。而运营支持保障中心集专业化车辆清洗、临修、低保、动力支持功能于一体,成为公交运营线路和车辆的支持"节点"。

---

(3)树立"预防式"维修理念。预防式维修是指对车辆及设备的异常状况早期发现并进行早期维修保养,也就是说在车辆整个使用生命周期内,以"预防"的理念设法降低车辆及设备的维修和使用费用,以及由于车辆及设备老化而带来的损失。此理念一是可以提高公共交通车辆使用效率,二是可以确保优质的车辆技术状况和机械可靠性,三是可以在一定程度上延长车辆使用寿命。

(4)建立技术创新机制。技术创新是指在改善车辆结构、提高车辆使用性能、改善或制作维保设备、机具的活动中,以技术进步为手段,通过科学试验或技术改造,降低车辆、设备的故障率,提高维保工艺水平,减轻作业强度和降低技术成本等方面取得明显成效的活动。国内外先进的公共交通企业都建立了技术创新管理制度体系和奖励机制。

(5) 推行环境认证体系建设。2000年以来,部分城市公共交通企业建立环境管理体系,以减少各项活动所造成的环境污染,节约资源,改善环境质量。目前深圳巴士集团等公共交通企业已通过 ISO 14000 环境管理系列标准认证。

此外,公共交通企业还加强对员工在节能减排和环境保护方面的培训力度,进一步提高广大员工的资源节约意识,引导公共交通企业员工树立绿色公共交通理念,将生态保护、循环经济等贯穿于企业制度建设、员工行为管理、运营生产组织、设备采购、污染控制等各个环节。公共交通企业还通过开展创建绿色公共交通线路,消灭"油老虎",树立"节油标兵"、"环保标兵"等丰富多彩的活动不断鼓舞广大员工积极开展节能环保实践。

(6) 推行6S管理。"6S管理"由日本企业的"5S"扩展而来,是现代工厂行之有效的现场管理方法,其作用是提高效率,保证质量,使工作环境整洁有序,预防为主,保证安全。"6S"的本质是一种执行力的企业文化,强调纪律性的文化,不怕困难,想到做到,做到做好。作为基础性的"6S"工作的落实能为其他管理活动提供优质的管理平台。"6S管理"的六大部分为:

①整理(SEIRI)——将工作场所的任何物品区分为有必要和没有必要的,除了有必要的留下来,其他的都消除掉。目的是腾出空间,活用空间,防止误用,塑造清爽的工作场所。

②整顿(SEITON)——把留下来的必须用的物品依规定位置摆放,并放置整齐加以标识。目的是使工作场所一目了然,消除寻找物品的时间,创造整整齐齐的工作环境,消除过多的积压物品。

③清扫(SEISO)——将工作场所内看得见与看不见的地方清扫干净,保持工作场所干净、亮丽的环境。目的是稳定品质,减少工业伤害。

④安全(SECURITY)——重视成员安全教育,每时每刻都坚持"安全第一"的理念,防患于未然。目的是建立起安全生产所需的环境,保证所有的工作都是建立在安全的前提下。

⑤清洁(SEIKETSU)——经常保持环境处在美观的状态。目的是创造明朗的现场,维持前面的"3S"成果。

⑥素养(SHITSUKE)——每位成员养成良好的习惯,并按规则做事,培

养积极主动的精神(也称习惯性)。目的是培养有好习惯、遵守规则的员工,营造团队精神。

3. 搭建公平、公正、公开的车辆采购平台

一些城市公共交通企业通过建立采购招投标制度,不断规范和完善采购管理流程,逐步搭建了一个公平、公正、公开的车辆及设备采购平台。这样改变了以往分散采购、不公开、不透明的情况,通过推行集中采购和物流集中化管理,组成了综合采购、仓储、配送三大功能于一体、功能完善、流程清晰的高效物流系统,大大降低了企业的采购成本,提高了采购资金的利用率。

此外,采购工作也逐步实现网络化,实现了采购与供应的公开化、透明化,有利于公共交通企业与供应商之间的信息沟通和便捷交易,在一定程度上降低了公共交通企业的采购成本和交易风险。

第十五章 财 务 管 理

财务管理是企业经营管理的重要环节,主要是通过价值形式对企业的各项资源和生产经营过程进行全面组织、科学规划、合理控制、有效协调,以完成企业的生产经营目标。城市公共交通的公益性决定了公共交通企业的财务管理有别于一般性企业,需特别加强全面预算管理和企业资金管理。

第一节 财务管理的含义和主要内容

1. 财务管理的含义

财务管理是在一定的整体目标下,关于资本的融通(筹资)、资产的购置(投资)、经营中的现金流量(运转资金)以及利润分配的管理。城市公共交通企业的财务管理是运用货币表现的价值形式,根据企业资金运动的规律,正确组织企业财务活动,处理企业同各个方面的财务关系,对公共交通运营生产活动进行综合性的管理和监督的一项经济管理活动。

2. 财务管理的主要内容

(1)筹资活动管理。在筹资过程中,企业一方面要确定筹资的总规模,以保证投资所需要的资金;另一方面要通过筹资渠道、筹资方式的选择,合理确定筹资结构,以降低筹资成本和风险,提高筹资效益。

(2)投资活动管理。企业在投资过程中,必须选择合理的投资规模、投资方向和投资方式,确定合理的投资结构,以降低投资风险,提高投资效益。

(3)资金运营管理。加速资金周转,提高资金利用效果,是资金运营管理的主要内容之一。另外,还需合理配置资金,妥善安排流动资产和流动负债的比例关系,既要防止流动资产的限制,又要保证有足够的偿债能力。

(4)分配活动管理。一方面,财务活动的收益分配要执行有关的法律、政策、制度及事先确定的分配程序;另一方面,由于收益分配活动的复杂性以及收益分配活动对企业资金流转的重要影响,收益分配时必须注重处理好企业内外各利益主体之间、收益分配与企业融资和企业长远发展之间的关系。

以上的四个活动是相互联系、相互依存的整体,资金筹集是企业资金运动的起点和条件;资金投资是资金筹集的目的和运用;资金的运营表明资金运用的日常控制;资金的分配则反映了企业资金运动状况及其最终成果,这四个相互联系又互有区别的活动就构成了完整的企业财务活动。

3. 公共交通企业财务管理的特点

城市公共交通企业由于其公益性特点,决定了其财务管理有别于一般性企业,主要体现在以下几个方面:

(1)点多、面广、流动、分散的运营生产过程,使公共交通企业的财务管理难度增大,一是财务管理人员队伍大,分布区域广,财务管理系统的灵活性、时效性往往难以保证;二是由于公共交通车辆作业分散及乘客素质的参差不齐,导致公共交通票款存在流失现象,特别是在早晚高峰期的大客流线路上,对于乘客投币、刷卡,往往难以有效监管;三是票款收入的汇集工作难度较大,往往需要专门的收银车辆在线路收班后到各个总站进行统一汇集,既造成工作难度的增大,也带来一定的安全风险。

(2)公共交通运营组织水平及效率对公共交通运营成本的影响较大。一方面,公共交通车辆运营成本受线路走向、道路环境、气象等因素影响较大,成本管理比较复杂;另一方面,在成本核算中,车辆空驶或者载客量少造成的成本消耗均要计入整体客运周转量中,因此平低峰期的公共交通运营组织对于公共交通运营成本的控制具有十分重要的意义。

(3)公共交通公益性特点决定了目前公共交通行业普遍采用降低票价的方式来降低市民的出行成本,从而提升公共交通分担率。然而,相对于公共交通票价的严格控制,企业在燃油、人工、车辆价格、零部件等方面支出的成本却随市场变动,导致公共交通企业的成本传导机制失效,这也给公共交通企业的财务管理造成了较大的影响。

(4)部分城市政府在落实公共交通优先,特别是对公共交通企业财政补贴方面的支持还不到位,导致部分城市公共交通企业在运营生产过程中往往面临着较大的资金压力。如何多渠道、多模式地开展资金筹集工作是摆在公共交通企业领导层面前的一项十分重要的课题,这对于缓解企业现金流压力、保持企业正常运营起着决定性的作用。

4. 公共交通企业的重点财务关系

城市公共交通企业在资金的筹集、投资、运营和分配过程中,会与企业内外相关各方面之间发生关系,主要包含以下几个方面:

(1)企业同其所有者之间的财务关系。这主要指企业的所有者向企业投入资金,企业向其所有者支付投资报酬所形成的经济关系。从我国目前公共交通企业的情况来看,所有者主要有国家、法人单位、外商和个人四类,其中大多数公共交通企业的所有者为国家。企业的所有者要按照投资合同、协议、章程的约定履行出资义务,以便及时形成企业的资本金。企业利用资本金进行经营,实现盈利后,应按出资比例或合同、章程的规定,向其所有者分配利润。企业同其所有者之间的财务关系,体现着所有权的性质,反映着经营权和所有权的关系。

(2)企业同其债权人之间的财务关系。这主要指企业向债权人借入资金,并按借款合同的规定按时支付利息和归还本金所形成的经济关系。企业除利用资本金进行经营活动外,还要借入一定数量的资金,以便降低企业资金成本,扩大企业经营规模。企业的债权人主要有:债券持有人、贷款机构、商业信用提供者和其他出借资金给企业的单位或个人。企业利用债权人的资金后,要按约定的利率,及时向债权人支付利息,债务到期时,要合理调度资金,按时向债权人归还本金。企业同其债权人的关系体现的是债务与债权的关系。

(3)企业同其被投资单位的财务关系。这主要是指企业将其闲置资金以购买股票或直接投资的形式向其他企业投资所形成的经济关系。企业向其他单位投资,应按约定履行出资义务,参与被投资单位的利润分配。企业与被投资单位的关系是体现所有权性质的投资与受资的关系。

(4)企业同其债务人的财务关系。这主要是指企业将其资金以购买债券、提供借款或商业信用等形式出借给其他单位所形成的经济关系。企业将资金借出后,有权要求其债务人按约定的条件支付利息和归还本金。企业同其债务人的关系体现的是债权与债务关系。

(5)企业内部各单位的财务关系。这主要是指企业内部各单位之间在生产经营各环节中相互提供产品或劳务所形成的经济关系。企业在实行内部经济核算制的条件下,企业相关部门与运营生产单位之间,相互提供产品和劳务要进行计价结算。这种在企业内部形成的资金结算关系,体现了企业内部各单位之间的利益关系。

(6)企业与职工之间的财务关系。这主要是指企业向职工支付劳动报酬的过程中所形成的经济关系。企业要用自身的运营收入,向职工支付工资、津贴、奖金、社会保险等,按照提供的劳动数量和质量支付职工的劳动报酬。这种企业与职工之间的财务关系,体现了职工和企业在劳动成果上的分配关系。

(7)企业与税务机关之间的财务关系。这主要是指企业要按税法的规定依法纳税而与国家税务机关所形成的经济关系。任何企业,都要按照国家税法的规定缴纳各种税款,以保证国家财政收入的实现,满足社会各方面的需要。及时、足额地纳税是企业对国家的贡献,也是对社会应尽的义务。因此,企业与税务机关的关系反映的是依法纳税和依法征税的权利义务关系。

国家实施城市公共交通优先发展战略,对公共交通企业实行了部分税费的优惠政策,公共交通企业要运用好这方面的政策。

第二节 财务管理的目标

对于一般性的企业而言,企业财务管理的总目标应该是尽可能地提高经济效益,从现代企业财务管理理论研究与实践来看,对于企业财务管理的总目标有着不同的理解,其中以企业利润最大化、每股收益最大化和企业价值最大化三种表述最具代表性。

企业利润最大化的观点认为:利润是衡量企业经营和财务管理水平的标志,利润越大越能满足投资人对投资回报的要求。

每股收益最大化的观点认为:每股收益是企业一定时期的税后利润额与普通股股数的比值,反映股东每股股本的盈利能力;对于非上市公司而言,一般可采用权益资本净利率(企业一定时期的税后利润额与权益资本总额的比值)反映企业权益资本的盈利能力。这种观点还认为每股收益是以净利为基础计算的,具有与利润最大化财务管理目标相同的优点,并能提示出投资与收益的报酬率水平,更便于企业的财务分析、预测和不同资本规模企业间的比较。

企业价值最大化(或股东价值最大化)的观点是目前普遍比较接受的观点。当一个企业经营业绩持续稳定和良好,资产负债结构合理,财务风险较小,预计未来有稳定回报及良好发展前景时,这个企业就能以较高的价值被市场所承认,现代财务管理理论与实务的研究表明:以企业价值最大化作为财务管理的目标是最科学和合理的。

对于城市公共交通企业而言,由于其具有准公共产品的属性和公益性特性,因此其财务管理的目标与一般性企业而言也是有所不同的。城市公共交通企业在设立财务管理的目标时,必须要从企业属性和社会公益性两个方面来考虑,既要保证公共交通企业能够长期、可持续地为市民提供优质的公共交通服务,积极履行社会责任;也要从企业本身属性出发,能够有持续稳定和良好的经济效益,只有这样公共交通企业才能保持其发展的活力与动力。为此,应建立规范合理的考核评价制度,将政府补贴与对公共交通企业的成本评价和服务质量等挂钩,同时建立科学合理的票价制度,形成民众可支付、财政可承担、企业可持续的良性机制。

第三节 财务管理实践

随着城市公共交通企业现代企业制度的构建,企业财务管理的内涵、外延、功能及地位发生了深刻的变化,强化企业财务管理已经成为现代城市公共交通企业良性运转和可持续发展的重要保障和关键环节。近年来,城市公共交通企业结合当地城市社会经济发展水平和企业实际,坚持不懈地优化和创新财务管理工作,以全面预算管理为财务管理的重要基础,以资金管理为财务管理的重要节点,做好成本费用控制和资金链管理。此外,还运用会计信息化工具建立精细的财务核算体系,并通过加强企业内部控制提高会计信息质量。

1. 建立精细化财务核算体系

针对重复性劳动多、数据缺乏共享、会计科目设置缺乏统一性以及信息传递时效性差的问题,部分城市公共交通企业在充分利用信息化工具的基础上,建立了精细的财务核算体系,具体体现在建立符合企业实际的会计制度,统一会计科目设置、规范编制对外报送报表和建立财务软件数据共享平台三个方面。

2. 加强内部控制,提高会计信息质量

1) 建立科学的内部控制体系

一是明确不相容岗位;二是明确规定各个机构和岗位的职责权限,使不相容岗位和职务之间能够相互监督相互制约,形成有效的制衡机制;三是对于授权批准控制措施,按照相关财务制度明确办理各项经济业务的授权批准机制及程序,明确责任的分配和授权,严禁越权操作,有效避免舞弊现象发生;四是从机构的设置上体现彼此监督,互相制约。

2) 完善内部控制的审计和监督

部分城市公共交通企业设立了监察审计部门,主要监察企业内部控制的执行情况,评价内部控制设计的合理性并承担风险管理。定期对公司各个业务板块的业务流程和风险点进行审核监控,对制度、流程、结果进行监审,定期出具监审报告。

3) 健全信息公开机制

我国部分城市公共交通企业在企业改革过程中进行过公开上市的实践,虽然由于受各方面环境所限制,公共交通业务板块最终选择了"退市",但是依然按照上市公司的相关要求进行公司内部信息公开。同时,充分发挥外部中介的审计监督作用,对年报审计、税务审计和各种专项审计结果形成提案报公司董事会进行审议,定期公开财务报告及相关内部控制报告。

3. 推广和实施全面预算管理

"凡事预则立,不预则废"。对于一个企业而言,做好计划和预算管理工作是其能否成功的重要环节,当前的全面预算管理已由最初的计划、协调,发展到现在的兼具控制、激励、评价等诸多功能的一种综合贯彻企业经营战

略的管理工具,对于推动企业发展和加强内部管控发挥着日益重要的核心作用。近年来,我国城市公共交通企业也在大力推广和实施全面预算管理,经过几年的探索与实践,取得了很好的成效,对于推动公共交通企业健康发展起到了十分重要的作用。

1) 制定完善的全面预算管理办法和预算流程

部分城市公共交通企业制定了完善的全面预算管理办法和预算流程。全面预算管理办法对预算组织机构及职能、编制原则、基本内容、编制的形式及其编制依据、编制程序、编制方法、执行与控制、预算管理的调整、分析与考核等方面进行了明确和详细的规定,是全面预算管理工作顺利和有效执行的重要的指导和操作规程。

2) 加强预算编制,注重全员参与性

预算编制采用自下而上、逐级汇总的程序,注重全员参与性。为使全面预算管理真正做到全面,城市公共交通企业在预算编制时考虑自身的实际情况,涵盖了公司的财务预算、运营生产预算、投资预算、筹资预算、人力资源预算及机务成本预算等各个方面,下发的预算表格模板,将公司的经营活动、投资活动、筹资活动等全部予以数字化、价值化。

3) 强化预算分析和过程控制

城市公共交通企业的预算管理工作重点关注过程控制,避免使全面预算管理流于形式,使其真正为全年的责任目标服务。而在过程控制中预算分析发挥了极大的作用。全面预算方案的下发就标志着控制过程的开始。首先,在预算方案下发的同时,各部门、各下属公司就将预算方案进行分解,明确责任范畴;其次,对重点指标执行情况进行阶段性监控,对超预算指标及时提出警告;最后,为确保全面预算目标的顺利达成,逐月分析预算执行情况,分析企业经营和项目建设的关键控制点、预算执行过程中的难点、预算控制工作节点、拟采取的重点工作措施和工作计划,尽量将全面预算管理工作落实到位。

4) 预算工作应"刚柔"结合

在预算管理、目标分解、落实责任指标上,强调预算的严肃性与刚性原则,特别是在费用控制上,预算内费用才允许开支,预算外开支则需进行重

新审批。此外在预算责任认定上；明确了预算单位执行人要承担预算责任。然而，就整个预算管理体系而言，预算又具有一定的柔性。由于企业发展的内外部环境可能会发生一些重大变化，使得原有预算方案本身失去客观性。因此，可以根据预算管理规定提出预算调整，使新的预算更符合公司的经营发展战略，确保实现公司更长远的利益。

4. 动态和静态资金管理

公共交通企业因实施低票价政策及经营成本增加，赢利能力降低，资金链的顺畅与否很大程度上依赖政府财政补贴是否及时到位，加上近年来各地公共交通企业不断提升车辆等级水平，导致企业存在较大资金缺口，因此，公共交通企业的资金管理工作就显得尤为重要。资金管理主要包含以下几个方面的工作：

1) 加强资金的使用效率管理

主要包括以下三个方面：一是严格控制各项成本、费用支出，减少资金用量。①人工费用方面，严控非生产人员的增长，做好人员优化工作；科学安排节假日加班排班，合理控制加班工资；优化盘活内部人力资源，合理减少培训费用开支。②优化油料配送，挖潜增效，加强与大石油公司的业务合作，缓解外部加油压力，降低用油成本。③在车辆技术状况许可条件下，树立预防式维修理念，以按需保养为原则，适度压缩维修项目与更换材料费用。④全体员工树立节俭意识、忧患意识。二是加强应收账款管理，提高资金回收效率。公共交通企业应收款项主要有事故款(含事故借款和保险公司事故赔款)、包车收入以及政府补贴款。三是加强应付款项管理。公共交通企业应付款项主要为应付供应商的车辆、设备、燃料及材料款项。在合同签订初期，合理利用商业信用，减轻资金压力。同时，车间材料大部分为"零库存"材料，自有资金材料仅占很小部分，资金占用量小。四是定期开展资金分析工作，实施月度、季度和年底财务分析报告制度，加强现金流分析和成本控制水平。

2) 抓好资金管理流程，严格把关资金支出

城市公共交通企业应统一资金管理方面的制度，对应制度制定相关的流程，各下属公司根据集团公司的制度制定相应的细则。资金付款审批时严格按照相关审批流程进行,对外支付资金及集团内部资金调动均按照各部门、各单位审批权限实行联签制度,实现资金付款流程中的每个节点都可控。

3) 加强资金管理的内部监督

城市公共交通企业监审部门定期对资金实行集中审核、跟踪监控。监审部门定期对企业资金情况进行审核:一是核定货币资金收支的合法性及合理性;二是检查银行存款对账情况,对于未达账项异常的项目进行跟踪审查;三是检查现金结存的盘点结果、现金支付及存放的安全性;四是审查资金管理流程的合理性。

第十六章　人力资源管理

公共交通行业是劳动力密集型行业,公共交通服务具有人多、面广、点散的特点。企业人力资源管理的水平高低直接决定了企业员工团队的和谐与稳定,直接影响到企业正常运营生产的开展和企业的健康、可持续发展。为此,近年来各地公共交通企业本着以人为本的理念,以合同和企业规章制度为基础,建立了完善的选人、用人、育人、留人机制。此外,公共交通企业在运营成本逐年增加的压力下,应加强对员工的关怀,不断激励员工全身心投入到运营生产过程中,真正为企业的发展贡献力量。

第一节　人力资源管理的含义和内容

人力资源这一概念是由管理大师彼得·德鲁克于1954年在其著作《管理的实践》中首次正式提出并加以明确界定的,他认为人力资源是一种特殊的资源,必须通过有效的激励机制才能开发利用,并为企业带来可观的经济价值。

1. 人力资源管理的含义

人力资源是指能够推动社会和经济发展,为社会创造物质财富和精神财富的体力劳动者和脑力劳动者的总称。这个定义中包含了数量和质量两个概念,它不仅要求劳动者具有劳动能力,同时还要求劳动者能够进行健康的、创造性的劳动。

公共交通行业是最典型的劳动密集型行业之一,人是企业最重要的资产,人力资源管理是依据组织和个人发展需要,对公共交通员工这一特殊资源进行有效开发、合理利用与科学管理的机制、制度、流程、技术方法的综合。公共交通企业建立现代企业管理制度后,人力资源部门已经由企业的成本中心转化为利润中心。

2. 人力资源管理的内容

人力资源管理的主要内容包括企业人力资源战略的制订、员工的招募与选拔、培训与开发、绩效管理、薪酬管理、员工关系管理、员工安全与健康管理,员工职业规划等。具体而言,就是运用现代管理方法,对人力资源的获取(选人)、使用(用人)、开发(育人)、保持(留人)等方面所进行的计划、组织、指挥、控制和协调等一系列活动。

第二节 人力资源管理的目标

1. 人力资源的特征

(1)能动性。在价值创造过程中,人力资源总是处于主动的地位,是劳动过程中最积极、最活跃的因素。人作为人力资源的载体,和自然资源一样都是价值创造的客体,同时它还是价值创造的主体,处于支配地位,而自然资源则服务于人力资源。

(2)时效性。人是人力资源的载体,表现为体力和脑力劳动,因此它与人的生命周期紧密相关。生命周期和人力资源的"U"形关系决定了人力资源的时效性,必须要在人的成年时期对其进行开发和利用。

(3)增值性。这是人力资源最为明显的特征。人的体力不会因为使用而消失,反而在某种程度上因为使用而不断增强,当然这种增强是有限度的;人的知识、经验和技能也不会因为使用而消失,相反会因为不断使用而更有价值。也就是说,在一定范围内,人力资源是不断增值的,它所创造的价值会越来越多。

(4)可变性。人力资源的使用表现为人的劳动过程,而人在劳动过程中又会因为自身心理状态的不同而影响到劳动的效果。所以人力资源作用的发挥具有一定的可变性,在相同的外部条件下,其创造的价值大小可能会不同。

2. 城市公共交通企业人力资源管理的目标

从开发的角度看,人力资源管理不仅包括人力的智力开发,也包括人的思想文化素质和道德觉悟的提高,不仅是对现有人力资源的充分发挥,也是对其潜在能力的挖掘。在公共交通企业发展总体目标之下,人力资源管理还要有其特定的具体目标,具体包括以下四个方面:

(1)保证创造公共交通运营价值需要的人力资源数量和质量。

(2) 为创造公共交通运营价值营造和谐、可持续的人力资源环境。

(3) 保证管理层和驾驶员、乘务员及修理工等一线员工工作绩效评价简洁、准确、有效。

(4) 保证管理层和驾驶员、乘务员及修理工等一线员工薪酬分配公平、合理,富有激励性。

第三节 人力资源管理的实践

1. 做好基于企业战略的人力资源规划

人力资源规划就是要在企业和员工的目标趋于最大限度一致的情况下,使人力资源的供给和需求达到最佳平衡。这一职能包括的活动为:预测组织在一定时间内的人力资源需求和供给情况,并根据预测的结果做出平衡供需的计划。

人力资源规划要围绕公司发展目标,保障生产,以人为本,关爱员工,促进员工成长,保持企业协调发展,形成适应公司发展战略需要、专业结构配套、层次结构科学、素质优良、团队氛围和谐的员工队伍。城市公共交通企业人力资源规划的指导原则主要体现在三个方面:确保公司业务持续发展、巩固行业人才竞争优势、确保公司整体效益与人员规模经济。

2. 建立公开规范的招聘录用体系

由于公共交通运营生产具有分散性的特点,驾乘人员的素质和服务水平直接决定了乘客对于公共交通企业服务品牌的认知程度。为此,各地公共交通企业专门成立相应部门,在遵循相应法律法规的基础上,制定了完备的员工招聘、考评及培训制度和流程,制定了诸如《驾乘维修人员招聘考评管理办法》、《驾乘维修人员招聘考评程序及时间控制图》、《招聘考评工作人员岗位职责》、《招聘考评工作责任追究制度》、《招聘考评员准入、使用和淘汰制度》等,确保员工招聘工作能够按照公开、公平、公正、客观、廉洁和择优录取的原则开展,为员工招聘工作提供了严密的制度保障。各地公共交通企业还根据当地实际情况和企业发展实际,制订了涵盖各个工种(驾驶员、乘务员、调度员、修理工等)的招聘入门条件。部分公共交通企业也尝试在区域内建立公共交通行业员工黑名单制度,将一些在公共交通行业发生过重大事故或者有不良记录的员工纳入区域公共交通行业的黑名单,确保招聘员工的总体素质。

此外,由于各方面因素影响,近年来各地公共交通企业都不同程度地出现了"招工难"的问题。为此,公共交通企业努力在全国范围内构建驾乘修人员招聘网络,争取湖南、湖北、河南、江西、安徽、四川、贵州、山东、宁夏等劳务输出大省的协助和支持,同时在遵义、赣州等革命老区开展定向扶贫招聘,与国内交通类大中专院校、职业学校、技工学校建立定向招工关系,确保招聘渠道可靠、顺畅和稳定。国内部分优秀公共交通企业在招聘人员方面有以下几个方面的经验。

(1) 加强与国家重点院校和研究机构的合作,选拔储备管理人才。

(2) 创新驾乘修招聘模式,拓宽招聘渠道。驾乘修三大工种人数占公共交通企业总人数的80%以上,确保三大工种长期有充足的员工是企业可持续发展的重要保证。

(3) 以岗位胜任力素质模型为依托,建立人才素质测评平台。

(4) 加强公司竞争上岗和组织调配相结合的内部选拔机制。

深圳巴士集团人力资源管理特色如专栏16-1所示。

专栏16-1:深圳巴士集团人力资源管理特色

深圳巴士集团根据员工量能需求情况,结合所需员工技能、特点等多样化要求,对不同岗位员工制订了针对性的员工招聘计划,形成了完整的招聘布局,如图16-1所示。

同时,公司按照ISO 9001质量管理体系标准,制订了《驾乘修人员招工计划审批流程》、《驾乘修人员招聘考评流程》、《驾乘修人员分配流程》、《新员工入职程序流程》等一系列管理人员及生产人员的招聘、考评、录用的流程,如图16-2所示。

此外,为留住新员工,深圳巴士集团还建立了健全的留人机制,如表16-1所示。

第十六章 人力资源管理

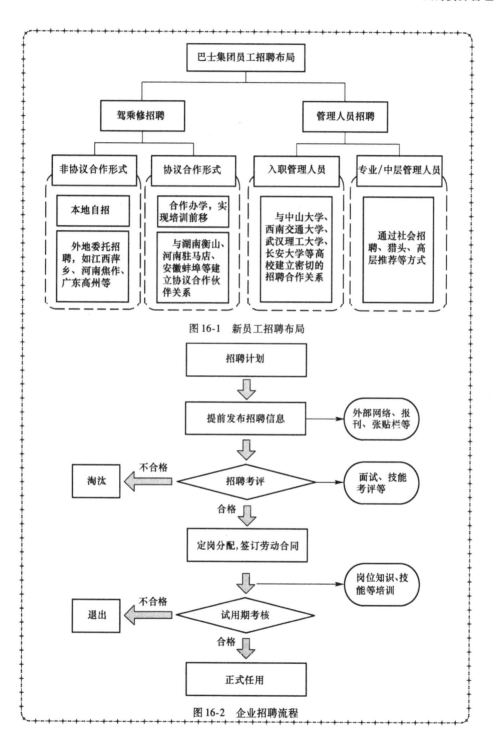

图 16-1　新员工招聘布局

图 16-2　企业招聘流程

企业留人机制　　　　　　　　表16-1

留人机制	采取措施
传授培训留人	推行师傅带徒弟式教育方式,使新员工尽快掌握业务技能及知识,尽快进入工作角色及融入企业文化氛围
关爱氛围留人	新员工入职时安排住宿,提供免费工作餐,让新员工享受工会组织的各种关爱活动(如消暑活动、困难救济等),提升新员工归属感
职业发展留人	一线员工可通过竞聘,晋升为基层管理人员;管理岗位员工可凭借优秀工作绩效,获取晋升或者提薪机会
薪酬福利留人	除一般的岗位工资及绩效工资外,还为员工提供过节费及物品、星级或先进奖励、劳保用品、降温费等薪酬福利

3. 建立多层次的员工培训体系

城市公共交通企业要重点加强培训组织体系、制度体系、运营体系和资源体系建设,逐步建立以结果为导向的依据绩效考评结果的培训需求评价体系,重点开展内部培训开发,尤其是专业技术人才实践能力培训开发,建立内部培训师考评认定机制,提升员工业务技能和总体素质。

一是制订员工总体培训计划和流程、方案,结合驾乘修岗位的实际技能及服务要求,实施集中培训,在严格的考评体系下,推进驾乘修员工全员持证上岗。二是规范培训需求分析、计划、实施、评估、改进、考核各环节的制度和流程,建立驾乘修人员培训档案,各培训管理部门在强化检查、严格考核的基础上,认真做好各类检查、考核资料的统计管理工作,加强培训质量的过程控制。三是注重培训形式多样化,构建传统授课法、工作轮换法、在职培训、岗位练兵、职业技能竞赛、驾乘人员拓展、读书活动等多样化的培训形式。四是建立一支素质过硬的培训教师队伍,师资主要源自于公共交通企业内部优秀培训师及外聘行业专家、教授。五是注重培训体系的多元化和多层次,主要分为岗前培训、在职培训和外送培训三类,每类培训又要根据企业实际情况分多个层级开展,确保培训效果富有层次感和针对性。

4. 加快推进劳动、人事、分配制度改革

近年来,在建立和完善现代企业制度的过程中,深圳、济南、长春等城市公共交通企业以科学发展观为指导,抓住《劳动合同法》实施这一契机,全面推进"劳动、人事、分配"三项制度改革工作,通过理顺劳动合同关系,实现员工"能进能出",以竞争上岗、绩效管理实现员工岗位"能上能下",为现代企业制度的建立奠定了坚实的基础。

(1)健全机制,完善"能进能出"的用工制度。传统的国有公共交通企业员工普遍存在着"铁饭碗"的思想,随着社会经济的发展和现代企业制度的建立,抱有这种思想的员工已难以适应企业发展需求,"进来容易出去难"这种传统、固化的人力资源管理机制的弊端也日益显现。因此,部分城市公共交通企业通过改革,完善"能进能出"的用工制度,建立以劳动合同为核心的劳动管理制度,实现员工由"企业人"到"社会人"的身份转变。在全面实行全员劳动合同制的基础上,结合实际,进一步规范企业用工行为,依法开展分流安置等工作,避免劳动争议的发生。

(2)立足创新,实施"能上能下"的干部制度。在推行三项制度改革过程中,通过引入竞争机制,全面实施管理人员聘任制,实现管理职务"能上能下",极大地提高了管理效率。在现代企业制度中,中层干部能力、素质的高低决定了企业能否按照既定的愿景和战略方向发展。因此,宁波、深圳等公共交通企业通过中层干部竞聘上岗或合理调整,使一批具有公共交通专业理论背景、能力素质高、学习能力强、精力充沛的优秀干部走上关键岗位,并在工作岗位中发挥了重要的作用。

(3)建立同工同酬、能升能降的薪酬体系。国内先进的公共交通企业已经逐步建立了以绩效考评为依据的分类分级的薪酬分配激励机制,以薪酬对外具有竞争力、对内具有公正性、对员工具有激励性为原则,建立以"因事设岗、以岗定薪、岗变薪变"为核心内容的企业薪酬管理制度,理顺了薪酬与岗位价值的关系,实现了薪酬能升能降的目标。具体主要体现在:

①持续完善薪酬优化方案。持续优化驾乘修三个工种的分配政策,按照劳动定额进行分配。逐步减少各分公司基层管理及后勤辅助人员薪酬分配政策的差异,保证内部公平性。

②按照一定的客观标准,对岗位相对价值进行系统衡量、评比和估价,以量值表现出岗位的特征。依据岗位价值建立分类分级的薪酬分配激励机制。

③持续推进市场化的薪酬动态调控机制,确保员工薪酬水平的竞争力和吸引力。

5. 建立和谐的团队管理体系

员工关系管理主要是协调企业与员工的关系,通过企业文化等活动来保证企业员工队伍的稳定性,为实现企业目标营造良好的工作氛围。各地公共交通企业通过把员工当作内部顾客来经营,加强机关部门为基层服务的意识,提升服务效率与质量,构建和谐的员工关系管理体系,充分调动员工的工作积极性及主观能动性。此外还通过设立解困基金、基层民主管理及后勤保障等关爱员工机制,提高员工对企业的满意度和忠诚度,有效推动了员工团队的稳定和谐。

一是各地公共交通企业在面临巨大经营压力的基础上,努力提高员工薪酬待遇水平,逐步构建了一个具有较强合理性和激励性的薪酬福利体系,通过直接经济报酬、间接经济报酬和非经济报酬等向员工提供较为满意的薪酬福利水平。二是为员工提供晋升机制与职业发展规划,引导员工树立渐近式的发展目标,促进员工发展,使员工队伍逐渐稳定与成熟。三是建立员工满意度调查机制,每半年开展一次大规模的不记名方式员工满意度调查分析,逐步改善管理机制、监督机制、上下级管理关系、工作环境,确保员工满意度逐年提升。四是开展消暑健康活动、拓展训练、文艺晚会、体育运动会等丰富多彩的关爱活动,搭建员工与企业、员工与员工之间的和谐沟通平台。五是推行基层民主管理,成立基层车队、车间民主管理委员会,并依照《基层民主管理工作规定》等有序开展工作,共同协商基层员工的排班、考核分配、违章违纪处理、人员晋升等问题,督促基层单位在工作中实施"内务公开"。六是尽可能地为员工提供有力的后勤保障,包括温馨舒适的员工宿舍、办公环境,以及图书馆、体育馆等文体娱乐设施,确保员工能够以愉悦的心情投入到公共交通运营生产中去。七是部分城市公共交通企业建立了多种员工与企业的沟通渠道,推行"机关管理人员服务基层管理人员,基层管理人员服务一线员工"的服务理念,关注员工的工作、生活、心理及生理动态,增加员工归属感,实现员工满意。

第四节 加强企业文化建设与员工思想管理

企业文化或称公司文化,一般指企业中长期形成的共同理想、基本价值观、作风、生活习惯和行为规范的总称,是企业在经营管理过程中创造的具有本企业特色的精神财富的总和,对企业成员有感召力和凝聚力,能把众多人的兴趣、目的、需要以及由此产生的行为统一起来,是企业长期文化建设的反映。企业文化包含价值观、最高目标、行为准则、管理制度、道德风尚等内容。它以全体员工为工作对象,通过宣传、教育、培训、文化娱乐、交心联谊等方式,最大限度地统一员工意志,规范员工行为,凝聚员工力量,为企业总目标服务。

对于城市公共交通企业而言,高度重视思想政治工作,并将思想政治工作、员工心理管理和企业文化建设有机结合起来,是近年来城市公共交通企业的一大特色。虽然思想政治工作和员工心理管理是不同的概念,但在企业实际管理中两者又有着十分密切的联系,在许多方面是相同、相通和相容的。具体体现在以下几个方面:

(1)对象相通。研究对象都是人,都是做人的工作,都具有以人为本的特点,在培养人的高尚品质、塑造人的美好心灵方面是完全一致的。

(2)方向一致。都属于意识形态范畴,都要为经济基础服务。

(3)目的相近。都是为提高企业的和谐度,发展企业生产力,为企业战略目标的实现服务。

(4)途径相通。为达到目的的途径或手段是相通的,例如开展丰富多彩的文体活动,创造良好的人际关系环境,树立企业先进典型模范等。

近年来,城市公共交通企业在建立现代企业制度的过程中,紧紧围绕运营生产和安全服务工作中心,通过强化党组织、工会组织、共青团组织和女工组织在公共交通企业中的作用,深入开展员工心理管理工作,实现了企业党风、政风和行风建设的全面发展。特别是,由于公共交通企业具有鲜明的劳动密集型特点,一些公共交通企业强化基层党建工作,通过开展"支部建在车队"、卓越班组建设等活动,不断提高党在基层车队、车间的向心力、凝聚力和战斗力。

在推进企业党建和思想政治工作的同时,各地公共交通企业秉承传统公共交通企业优秀文化理念,一直把加强新时期公共交通企业文化建设作为企业发展过程中的一项重要课题,通过打造优秀的企业文化,持续提升企业竞争力。一是从意识上高度重视企业文化对于企业发展的重要意义,充分认识到了企业文化在现代企业制度条件下对于打造企业核心竞争力日益重要的地位和作用,更加注重企业文化在企业发展中的导向功能、约束功能、凝聚功能、激励功能和辐射功能。二是成立了以公司"一把手"为首的企业文化建设领导团队,从组织架构上高度重视企业文化建设。三是紧密结合企业发展实际,继承和发扬企业优秀的文化理念,高度总结和提炼出了一套富含公共交通行业特性和企业自身特点的理念,包括企业愿景、使命、核心价值观、宗旨等,并通过各类培训、活动及体验等方式使广大员工接受并认同。四是在企业理念基础上,制定一整套行为规范,包括员工职业道德规范、管理干部行为准则、员工行为准则、沟通协调规范、礼仪服务规范及社会责任等。五是根据企业发展多年历程及城市特色,制订一套可以充分体现企业形象的视觉识别系统,包括企业标志、企业标准色、企业名片、企业旗帜等,提高企业的辨识度和品牌效应。

此外,部分公共交通企业通过编制《企业文化手册》等方式实现全员宣传贯彻,使广大员工能够全面了解企业发展的历程及企业文化,并以此不断激励和约束自身的工作。在推动企业文化建设过程中,公共交通企业还十分注重先进模范人物的培养,通过树立、宣传和推广企业先进典型,扩大公共交通企业文化和服务品牌的影响力,从而不断赢得社会各界和广大乘客对公共交通企业的理解和支持。目前已涌现出北京公交李素丽、天津公交范霞、济南公交吴倩等公共交通领域的先进模范人物。

参考文献

[1] 江玉林,韩笋生,彭唬,严宁.公共交通引导城市发展——TOD 理念及其在中国的实践[M].北京:人民交通出版社,2009.

[2] 郭继孚,毛保华,刘迁,马林.交通需求管理——一体化的交通政策及实践研究[M].北京:科学出版社,2009.

[3] 中国可持续交通课题组.城市交通可持续发展——要素、挑战及对策[M].北京:人民交通出版社,2008.

[4] 杨涛.城市交通的理性思索[M].北京:中国建筑工业出版社,2010.

[5] 韩印,范海雁.公共客运系统换乘枢纽规划设计[M].北京:中国铁道出版社,2009.

[6] 杨兆生.交通运输系统规划[M].北京:人民交通出版社,1998.

[7] 梁雪峰,王广州,刘宝义,郑德权.城市巴士交通规制政策的理论与实践[M].哈尔滨:哈尔滨工业大学出版社,2007.

[8] 罗伯特·瑟夫洛.公交都市[M].北京:中国建筑工业出版社,2007.

[9] 陆锡明,陈小雁.客运规划与城市发展[M].上海:华东理工大学出版社,1996.

[10] 毛保华,王明生,牛惠民,贾顺平.城市客运管理[M].北京:人民交通出版社,2009.

[11] 袁立平,钱璨,刘波.城市公共交通管理[M].北京:中国发展出版社,2007.

[12] 詹运溯.城市客运交通政策研究及交通结构优化[M].北京:人民交通出版社,2001.

[13] 毛保华.城市轨道交通[M].北京:科学出版社,2001.

[14] 中国中心城市交通改革与发展研讨会学术委员会,交通部科学研究院城市交通研究中心.中国中心城市可持续发展年度报告(2008)[M].北京:人民交通出版社,2008.

[15] 周干峙.发展我国大城市交通的研究[M].北京:中国建筑工业出版社,1997.

[16] 陆化普,朱军,等. 城市轨道交通规划的研究与实践[M]. 北京:中国水利水电出版社.

[17] 孙章,何宗华,等. 城市轨道交通概论[M]. 北京:中国铁道出版社,2000.

[18] 马强. 走向"精明增长":从"小汽车城市"到"公共交通城市"[M]. 北京:中国建筑工业出版社,2007.

[19] 陆锡明. 城市交通系统战略[M]. 北京:中国建筑工业出版社,2006.

[20] 张泉,等. 公交优先[M]. 北京:中国建筑工业出版社,2010.

[21] 季令,张国宝,等. 城市轨道交通运营组织[M]. 北京:中国铁道出版社,1998.

[22] 刘镇阳,张秀媛,等. 城市智能公共交通系统[M]. 北京:中国铁道出版社,2005.

[23] 杨晓光,等. 城市道路交通设计指南[M]. 北京:人民交通出版社,2003.

[24] 毛保华. 城市轨道交通规划与设计[M]. 北京:人民交通出版社,2006.

[25] 肖云. 城市基础设施投资与管理[M]. 上海:复旦大学出版社,2004.

[26] 叶霞飞,顾保南. 城市轨道交通规划与设计[M]. 北京:中国铁道出版社,2006.

[27] 毛保华. 城市轨道交通系统运营管理[M]. 北京:人民交通出版社,2006.

[28] 何宁,顾保南. 城市轨道交通对土地利用的作用[J]. 城市轨道交通研究,1998,1(4):32-36.

[29] 严海,严宝杰. 中国城市公共交通发展的定位与实现[J]. 长安大学学报(自然科学版),2004,20(1):72-73.

[30] 陈阳. 基于智能调度系统的公交线路调度优化研究[D]. 南京:南京林业大学,2009.

[31] 张守军. 城市 BRT 系统规划理论与方法研究[D]. 北京:北京交通大学,2007.

[32] 周小梅. 重构城市公共交通行业的管制政策体系[J]. 中国物价,2006(11):44-47.

[33] 王俊豪. 我国市政公用事业管制机构的设立与职能[J]. 经济管理,2006(23):22.

[34] 蒋柔刚,翁坚超. 对城市公共交通管理主体的探讨[J]. 交通企业管理,

2009(12).

[35] 管驰明,崔功豪. 公共交通导向的中国大城市空间结构模式探析[J]. 城市规划,2003(10).

[36] 朱军. 宋键. 城市轨道交通资源共享探讨[J]. 城市轨道交通研究,2003.

[37] 戴晴. 深圳公共交通行业发展模式研究[D]. 上海:同济大学,2007.

[38] 张巧玲. 城市轨道交通:建设热背后的冷思考[N]. 科学时报,2007-07-26.

[39] 王衡,李克平,孙剑. 我国公共交通管理体制现状研究及建议——借鉴国内外成功经验进行实例研究[J]. 交通标准化,2007(11):31-35.

[40] 刘小明,等. 城市客运枢纽综合评价指标体系研究[J]. 中国公路学报,1995(增1期).

[41] 杨涛. 公共交通——在公益性中用好市场手段[J]. 城市公共交通,2007(3):96-98.

[42] J. Goossens, C. P. M. vanHoesel, L. G. Kroon. A branch and cut approach for solving line Planning Problems[J]. Transportation Seienee,2004,38:379-393.

[43] L. Giovanni, G. HeilPorn, M. Labb'e. Optimization models for the delay management Problem in Public transportation[J]. EuroPean Journal of Operational Researeh, 2006.

[44] Paul G. Lewis et al. 1997. Federal Transportation Policy and the Role of Metropolitan Planning Organizations in California[J]. Public Policy Institute of California,2001.

[45] Alvaro Costa. The organization of urban public transport systems in western European metropolitan areas[J]. Transportation Research A, 1996,30(5):349-359.

[46] Breno Ramos Sampaio, Oswaldo Lima Neto, Yony Sampaio. Efficiency analysis of public transport systems: Lessons for institutional planning[J]. Transportation Research Part A, 2008, 42:445-454.

[47] David A. Hensher, John Stanley. Performance-based quality contracts in bus service provision[J]. Transportation Research Part A, 2003, 37(5):19-538.

[48] GAMUT. Integrated Management of Sustainable Urban Passenger Transport

Systems in Dispersed Cities: A Review of Successful Institutional Interventions [A]. A Volvo Research Foundation Project. Australia, 2008.

[49] Taylor. M. A. P Urbain Public transport research in Australia 1969- 1989: a Review[J]. Australian Road Research, 1990, 20: 48-72

[50] PattnaikS. B, Mohan. S., TomVM. Urban Bus Transit Route Netork Design Using Genetie Algorithm[J]. Journal of Transportation Engineering, 1998, 124 (4): 368-375.

[51] David Sullivan, Alastair Morrison. Using Desktop GIS for the Investigation of Aeeessibility by Public TransPort: An Isoehrone Approach[J]. Geographical Information Seienee, 2002, 14: 12-15.

[52] 2007. 7. 26. John Pucher. Renaissance of Public Transport in the United States [J]. Transportation Quarterly, 2002, 56(1): 33-49.

[53] Matthew G. Karlaftis, Patriek MeCarthy. Cost strueture of Publictransit system: A Panel analysis[J]. Transportation researeh-E (the logistics and transportation review). 2002, 38(1): 25-28.

[54] Anthony Gar-On Yeh, Peter R. Hills. Simon Ka-Wing Ng. Modern Transpot in HongKong for the 21st Century[D]. Centre of Urban Planning an Environmental Management University of HongKong, 2001.

[55] Dittmar, Hank & Ohland, Gloria. The New Transit Town: Best Practice in Transit Oriented Development [M]. Washington: IslandPress, 2004.

[56] Foo T S. An Advanced Demand Management Instrument in Urban Transport: Electronic Road Pricing in Singapore[J]. Cities, 2000, 17(1).

[57] Ibrahim Muhammad Faishal. Improvements and Intrgration of a PublicTransport System: the Case of Singapore[J]. Cities, 2003, 20(3).

[58] May A D. Singapore: The Development of a World Class Transport System [J]. Transportation Reviews, 2004, 24(1).

[59] Scott Adma CmaPbell. Transit oriented development: an overiew [D]. MogrnaStateUniversiyt. 2002(3).

后记

优先发展城市公共交通,缓解城市交通拥堵和资源环境压力是一项复杂的系统工程,需要各城市人民政府、各级交通运输主管部门和广大公共交通企业的共同努力,在此过程中,加强行业管理部门和公共交通企业的业务知识储备和能力建设十分必要。交通运输部科学研究院、北京市交通委员会、上海市交通运输和港口管理局、同济大学等单位在日常科研工作和行业管理实践中,对城市公共交通行业管理问题进行了长期的跟踪思考、系统的调查研究和大胆的创新实践;深圳市巴士集团围绕建立现代企业制度,不断加强公共交通企业内部管理,不断提升公共交通服务质量,积累了丰富的经验。为更好地指导城市公共交通发展,我司组织交通运输部科学研究院等五家单位和有关专家编写了《城市公共交通管理概论》一书。

在本书编写过程中,交通运输部科学研究院、北京市交通委员会、上海市交通运输和港口管理局、同济大学、深圳市巴士集团高度重视,从提纲构架、资料收集、书稿撰写、专家论证,到最后的修改、审核,投入了大量人力、物力和财力,为本书的出版作出了重要贡献。国务院参事室郭廷结、国务院发展研究中心《经济要参》编辑部申耘、交通部科技司原副司长陈锁祥、交通运输部科学研究院副总工程师孙黎莹、北京市地铁设计研究所蒋玉琨、哈尔滨市交通运输局方恒军、北京公共交通控股(集团)有限公司王新声、林正、长安大学王元庆、南京市城市与交通规划设计研究院有限责任公司杨涛、成都市交通运输委员会张殿业等专家为完善书稿提出了许多宝贵意见。人民交通出版社汽车图书出版中心为本书的编辑出版做了大量细致和卓有成效的工作。在此,对有关单位的大力支持、对参编人员的辛勤工作、对相关专家的严格把关和无私奉献表示衷心感谢。

交通运输部道路运输司